MINISTÈRE DES POSTES ET DES TÉLÉGRAPHES.

RÈGLEMENT

POUR SERVIR,

EN CE QUI CONCERNE LE DÉPARTEMENT DES POSTES ET DES TÉLÉGRAPHES,

À L'EXÉCUTION DU DÉCRET DU 31 MAI 1862

SUR LA COMPTABILITÉ PUBLIQUE

ET

NOMENCLATURE DES PIÈCES À PRODUIRE

AU CAISSIER PAYEUR CENTRAL DU TRÉSOR,

AUX TRÉSORIERS PAYEURS GÉNÉRAUX

ET AUX RECEVEURS PRINCIPAUX DES POSTES ET DES TÉLÉGRAPHES,

À L'APPUI DES ORDONNANCES ET MANDATS DE PAYEMENT.

PARIS.

IMPRIMERIE NATIONALE.

15 OCTOBRE 1880.

HACHETTE

RÈGLEMENT

POUR SERVIR,

EN CE QUI CONCERNE LE DÉPARTEMENT DES POSTES ET DES TÉLÉGRAPHES,

À L'EXÉCUTION DU DÉCRET DU 31 MAI 1862

SUR LA COMPTABILITÉ PUBLIQUE

ET

NOMENCLATURE DES PIÈCES À PRODUIRE

AU CAISSIER PAYEUR CENTRAL DU TRÉSOR,

AUX TRÉSORIERS PAYEURS GÉNÉRAUX

ET AUX RECEVEURS PRINCIPAUX DES POSTES ET DES TÉLÉGRAPHES,

À L'APPUI DES ORDONNANCES ET MANDATS DE PAYEMENT.

MINISTÈRE DES POSTES ET DES TÉLÉGRAPHES.

RÈGLEMENT

POUR SERVIR,

EN CE QUI CONCERNE LE DÉPARTEMENT DES POSTES ET DES TÉLÉGRAPHES,

À L'EXÉCUTION DU DÉCRET DU 31 MAI 1862

SUR LA COMPTABILITÉ PUBLIQUE

ET

NOMENCLATURE DES PIÈCES À PRODUIRE

AU CAISSIER PAYEUR CENTRAL DU TRÉSOR,

AUX TRÉSORIERS PAYEURS GÉNÉRAUX

ET AUX RECEVEURS PRINCIPAUX DES POSTES ET DES TÉLÉGRAPHES,

À L'APPUI DES ORDONNANCES ET MANDATS DE PAYEMENT.

PARIS.

IMPRIMERIE NATIONALE.

15 OCTOBRE 1880.

DOCUMENTS

CONTENUS DANS CE VOLUME.

DOCUMENTS

CONTENUS DANS CE VOLUME

RAPPORT

À MONSIEUR LE PRÉSIDENT DE LA RÉPUBLIQUE.

Paris, le 15 octobre 1880.

Monsieur le Président,

Avant la création du ministère des postes et des télégraphes, la comptabilité des receveurs des postes était soumise aux règles imposées aux comptables des finances, tandis que dans le service des télégraphes on suivait les règlements du ministère de l'intérieur.

De là, un défaut d'uniformité qu'un nouveau règlement pouvait seul faire disparaître.

A cet effet, une commission (1) a été chargée d'élaborer les dispositions qui devaient y être insérées.

---

(1) Par un arrêté ministériel en date du 26 février 1879, cette commission a été ainsi composée :

MM. de Roussy, Conseiller d'État, directeur général de la comptabilité publique au ministère des finances, *président*.

Besnier, administrateur de la 2e division de l'exploitation postale.

Couder, sous-directeur à la direction générale de la comptabilité publique.

Godefroy, administrateur de la division de la comptabilité.

Bergon, administrateur du service technique au ministère des postes et des télégraphes.

Baron, directeur-ingénieur des télégraphes de la région de Paris.

Richard, directeur-ingénieur, chargé du service du contrôle.

Chevrey-Rameau, inspecteur des finances, *rapporteur*.

Prot, chef du bureau de l'ordonnancement au ministère des postes et des télégraphes, *secrétaire*.

Moncel, directeur des postes et des télégraphes du département de la Manche, *secrétaire*.

Par un arrêté ministériel en date du 26 juin 1879, MM. Guérard, chef du bureau de l'ordonnancement, et de Meaux, chef de bureau à la direction technique, ont été nommés secrétaires de la commission, en remplacement de MM. Prot, retraité, et Moncel, empêché.

Ce nouveau règlement, coordonné conformément aux dispositions de l'article 881 du décret du 31 mai 1862, me paraît satisfaire à toutes les nécessités du service.

J'ai l'honneur de le présenter à votre approbation.

Si vous voulez bien approuver ce règlement et la nomenclature qui le complète, je vous prierai de les revêtir de votre sanction, afin qu'ils soient mis à exécution à partir du 1er janvier 1881.

Je vous prie d'agréer,

Monsieur le Président,

L'assurance de mon respectueux dévouement.

Le Ministre des postes et des télégraphes,

Signé : Ad. COCHERY.

Paris, le 15 octobre 1880.

MINISTÈRE
DES POSTES
ET DES
TÉLÉGRAPHES.

DIVISION
DE LA
COMPTABILITÉ.

BUREAU
DE
L'ORDONNANCEMENT.

LE MINISTRE SECRÉTAIRE D'ÉTAT DES POSTES ET DES TÉLÉGRAPHES

Aux liquidateurs, ordonnateurs secondaires des dépenses du ministère des postes et des télégraphes.

Envoi du nouveau règlement sur la comptabilité des dépenses du ministère des postes et des télégraphes en date du 15 octobre 1880.

Monsieur, la création du ministère des postes et des télégraphes et la fusion des deux services ont rendu indispensable la revision des règlements qui les régissaient et l'établissement d'un nouveau recueil conforme au décret du 31 mai 1862. Ce travail, confié aux soins d'une commission spéciale, est terminé et je vous en adresse un exemplaire pour vous tenir lieu des instructions qui ont été jusqu'ici votre règle, et notamment du règlement du 26 décembre 1866, concernant la comptabilité du ministère des finances.

Les dispositions contenues dans ce règlement vous sont déjà familières en grande partie; la plupart sont la reproduction des règlements antérieurs. Je ne m'y arrêterai donc pas et je me bornerai seulement à signaler à votre attention les dispositions nouvelles qui y ont été insérées.

Mode de liquidation des émoluments autres que les traitements.

Dans l'état actuel des choses, les divers émoluments, autres que les traitements, sont liquidés par mois, par trimestre ou par année.

Il m'a paru nécessaire, autant dans l'intérêt des agents que dans celui de l'administration, de rapprocher l'époque du payement des services rendus et de liquider toutes les indemnités mensuellement.

Cependant, il sera fait exception à cette règle pour les frais de bureau, de régie, de loyer et les indemnités d'habillement, qui seront liquidés tous les trois mois.

Désignation de nouveaux ordonnateurs secondaires délégataires des crédits.

Afin d'éviter des lenteurs dans la liquidation, l'ordonnancement et le payement des dépenses, les fonctions d'ordonnateurs secondaires seront étendues, pour le service technique, aux directeurs-ingénieurs de région. L'article 76 du nouveau règlement détermine les attributions respectives des directeurs-ingénieurs et celles des directeurs de l'exploitation, en ce qui concerne l'ordonnancement des dépenses.

Les directeurs-ingénieurs ne perdront pas de vue qu'ils devront tenir autant de comptabilités distinctes qu'il y a de départements dans leur région.

Ils auront à étudier toutes les parties du nouveau règlement, mais particulièrement les articles 66 à 112, relatifs à « l'ordonnancement des dépenses », et 152 à 166, concernant les « écritures de l'administration centrale et des ordonnateurs secondaires ».

Je ne doute pas que les directeurs-ingénieurs n'apportent dans l'accomplissement de leurs nouvelles obligations tout le zèle et toute l'exactitude qu'exige cette partie délicate du service.

Comptabilité-matières.

Le service du matériel a fait l'objet de plusieurs modifications importantes.

Le matériel de l'administration des postes et des télégraphes comprend le matériel dit *d'approvisionnement, le matériel posé ou employé, le matériel de rechange, et les imprimés de toute espèce.*

Il est conservé dans les dépôts régionaux et, s'il est nécessaire, dans les bureaux de recette et sur les parcours de surveillance.

La comptabilité de chaque dépôt régional est confiée à un employé désigné par le directeur-ingénieur de la région et pris dans ses bureaux.

Les receveurs des postes et des télégraphes adresseront donc directement à l'inspecteur-ingénieur de leur région, aux époques fixées par l'administration, leurs demandes de matériel et d'imprimés utiles aux besoins de leur service.

Ces demandes seront transmises à l'administration par le directeur-ingénieur avec celles faites par les inspecteurs-ingénieurs.

Les approvisionnements de timbres-poste, cartes postales, cartes-télégrammes nécessaires au service des recettes seront, par exception aux règles énoncées ci-dessus, demandés à l'administration centrale par l'intermédiaire du directeur de l'exploitation départementale, aux époques fixées.

Telles sont les principales dispositions introduites dans le règlement sur la comptabilité des dépenses du ministère des postes et des télégraphes, sur lesquelles il m'a paru indispensable d'appeler d'une manière toute particulière votre attention.

Vous voudrez bien m'accuser réception de la présente circulaire et du règlement qui y fait suite.

Recevez, Monsieur, l'assurance de ma considération très distinguée.

Le Ministre des postes et des télégraphes,

Signé : AD. COCHERY.

RÈGLEMENT

SUR

LA COMPTABILITÉ DES DÉPENSES

DU MINISTÈRE DES POSTES ET DES TÉLÉGRAPHES.

NOTE.

Ce règlement, rédigé en exécution de l'article 881 du décret du 31 mai 1862 sur la comptabilité publique (1), a pour objet l'application aux divers services compris au budget du ministère des postes et des télégraphes, des lois, décrets, ordonnances et décisions concernant les dépenses de l'État.

On a cité le décret du 31 mai 1862 à la suite des articles du règlement qui reproduisent les dispositions de ce décret ou qui en dérivent.

Les articles où cette citation manque ont trait à des dispositions spéciales, à des développements de principe ou à des détails d'exécution.

---

(1) Cet article est ainsi conçu : « Des règlements spéciaux sont rendus, pour l'exécution du pré- « sent décret, par les différents services soumis à l'application des règles qu'il prescrit. Ces règle- « ments sont suivis de la nomenclature des pièces à produire à l'appui des opérations des comp- « tables. »

RÈGLEMENT

SUR

LA COMPTABILITÉ DES DÉPENSES

DU MINISTÈRE DES POSTES ET DES TÉLÉGRAPHES.

TITRE Ier.

DES CRÉDITS DU BUDGET.

ARTICLE PREMIER.

Définition de la gestion, de l'exercice et du budget.

Les services financiers s'exécutent dans des périodes de temps dites de *gestion* et d'*exercice*.

La *gestion* embrasse l'ensemble des actes d'un comptable, soit pendant l'année, soit pendant la durée de ses fonctions.

L'*exercice* est la période d'exécution des services d'un budget; il prend la dénomination de l'année à laquelle il se rapporte.

Le *budget* est l'acte par lequel sont prévues et autorisées les recettes et les dépenses annuelles de l'État.

(*Art. 2 à 5 du décret du 31 mai 1862.*)

ART. 2.

Budget des dépenses du ministère des postes et des télégraphes; sa composition.

Le budget des dépenses du ministère des postes et des télégraphes, dont le présent règlement a pour objet de fixer le mode d'exécution et de comptabilité, comprend trois catégories de dépenses, savoir :

1° Service général du ministère;

2° Frais de régie, de perception et d'exploitation;

3° Remboursements et restitutions.

ART. 3.

Division du budget; distinction des services.

Le budget est divisé en sections, chapitres et articles.

(*Art. 54 du décret du 31 mai 1862.*)

Chaque chapitre ne contient que des services corrélatifs ou de même nature.

(*Art. 56 du décret du 31 mai 1862.*)

Les services du personnel et du matériel doivent être présentés d'une manière distincte et séparée.

(*Art. 9 du décret du 31 mai 1862.*)

ART. 4.

Préparation du budget.

A l'époque désignée pour la préparation du budget à présenter aux Chambres, les chefs des services administratifs du ministère des postes et des télégraphes soumettent au Ministre les propositions et renseignements qui doivent servir à l'établissement du nouveau budget, pour chaque catégorie de dépenses. Le service de la comptabilité dresse ensuite le projet de budget pour l'ensemble des services du département des postes et des télégraphes, après que les bases en ont été arrêtées par le Ministre, et il le transmet au Ministre des finances (*Direction générale de la Comptabilité publique*), chargé de réunir et de résumer les éléments des lois générales de finances.

ART. 5.

Forme du budget.

Le projet de budget est établi comparativement aux allocations de l'exercice précédent et accompagné de notes explicatives des différences ressortant de cette comparaison. Il se compose d'un tableau des crédits par chapitres et d'états de développement par articles et paragraphes.

(*Art. 31 et 54 du décret du 31 mai 1862.*)

ART. 6.

Vote du budget.

La loi annuelle de finances ouvre les crédits nécessaires aux dépenses présumées de chaque exercice; il est pourvu au payement de ces dépenses par les voies et moyens compris au budget général des recettes.

ART. 7.

Virement des crédits.

Le budget des dépenses est voté par chapitres. Aucun virement de crédits ne peut avoir lieu d'un chapitre à un autre.

(*Art. 53 et 54 du décret du 31 mai 1862.*)
(*Art. 30 de la loi du 16 septembre 1871.*)

ART. 8.

Sous-répartition des crédits.

Avant de faire aucune disposition sur les crédits de chaque exercice, le Ministre répartit, par un arrêté spécial, entre les articles et paragraphes, les crédits ouverts aux divers chapitres de son budget.

(*Art. 60 du décret du 31 mai 1862.*)

ART. 9.

Nomenclature générale des dépenses.

Avant l'ouverture de l'exercice, il est dressé une nomenclature générale des dépenses (*modèle n° 1*), indiquant par chapitres, articles et paragraphes, l'ordre de leur classification pour la délivrance des ordonnances et des mandats.

Il est formé une série unique de chapitres pour l'ensemble du budget.

ART. 10.

Sont seuls considérés comme appartenant à un exercice les services faits et les droits acquis du 1er janvier au 31 décembre de l'année qui donne son nom à cet exercice.

Détermination des services d'un exercice.

(*Art. 6 décret du 31 mai 1862.*)

ART. 11.

La durée de la période pendant laquelle doivent se consommer tous les faits de dépense de chaque exercice se prolonge :

Durée des opérations de l'exercice.

1° Jusqu'au 1er février de l'année qui suit celle de l'exercice, pour achever, dans la limite des crédits ouverts, les services du matériel dont l'exécution commencée n'aurait pu être terminée avant le 31 décembre précédent, pour des causes de force majeure ou d'intérêt public, qui doivent être énoncées dans une déclaration de l'ordonnateur jointe à l'ordonnance ou au mandat;

2° Jusqu'au 31 juillet de cette seconde année, pour la liquidation et pour l'ordonnancement des dépenses;

3° Jusqu'au 31 août suivant, pour le payement des ordonnances et des mandats.

(*Art. 8 du décret du 31 mai 1862.*)

ART. 12.

Les crédits ouverts pour les dépenses de chaque exercice ne peuvent être employés à l'acquittement des dépenses d'un autre exercice.

Spécialité des crédits par exercice.

(*Art. 8 du décret du 31 mai 1862.*)

ART. 13.

Le principe de la spécialité des crédits par exercice s'applique, d'après les règles suivantes, aux diverses dépenses du département des postes et des télégraphes :

Règles pour l'application de la spécialité par exercice.

§ 1er. Les époques d'échéance des indemnités de réforme ou d'inactivité et des secours annuels déterminent l'exercice qui doit en supporter la dépense.

§ 2. Les secours temporaires et éventuels s'imputent d'après la date des décisions qui les accordent.

§ 3. Les frais de tournées, de voyages et de missions spéciales s'appliquent, en raison de leur durée, au budget de chacune des années pendant lesquelles les services ont été exécutés.

§ 4. Les indemnités diverses se rapportent à l'année du service qui donne lieu à leur allocation.

Toutefois, lorsque les services qui donnent lieu au payement des indemnités et frais portent sur plusieurs années, sans qu'il soit possible de préciser les charges afférentes à chacune d'elles, la dépense est rattachée à l'année pendant laquelle le service est terminé.

§ 5. Les restitutions de sommes indûment perçues et les répartitions de produits d'amendes sont rattachées au budget de l'année pendant laquelle elles sont ordonnancées ou mandatées.

§ 6. Les frais de poursuites et d'instances et autres frais judiciaires à la charge du ministère des postes et des télégraphes appartiennent à l'année pendant laquelle le payement en est ordonnancé ou mandaté.

A l'égard des condamnations prononcées contre l'État, dont le payement n'a pas été compris dans celui des frais judiciaires, l'exercice est déterminé par la date des décisions judiciaires, jugements et arrêts définitifs, ou de l'acte administratif d'acquiescement à un jugement non définitif.

§ 7. Les frais de transports sont imputés d'après la date de l'arrivée ou de la livraison des objets.

§ 8. Les retenues de garantie faites aux entrepreneurs de travaux se rapportent à l'année pendant laquelle, le certificat de réception définitive ayant été délivré, le payement de ces retenues devient exigible.

§ 9. Les prix d'acquisitions d'immeubles s'imputent suivant les distinctions ci-après :

Lorqu'il y a eu adjudication publique, d'après la date du jugement ou du procès-verbal d'adjudication ;

Lorsqu'il y a eu acquisition amiable ou accord sur le prix après expropriation, d'après la date de l'approbation donnée au contrat, ou d'après celle du contrat, en cas d'autorisation préalable ;

Lorsqu'il y a eu expropriation non suivie de convention amiable ou cession amiable sans accord sur le prix, d'après la date de l'ordonnance du magistrat directeur du jury dont la délibération a réglé le montant de l'indemnité due à l'exproprié.

Toutefois, lorsque les titres d'acquisition stipulent exceptionnellement des termes de payement, l'imputation est déterminée par l'époque des échéances.

§ 10. Les autres dépenses non spécifiées au présent article appartiennent à l'exercice de l'année pendant laquelle les services ont été effectués, les droits acquis ou les échéances stipulées. Les frais accessoires se rapportent au même exercice que la dépense principale.

ART. 14.

Rectification du budget.

Le budget peut être rectifié, s'il y a lieu, pendant le cours de l'exercice, par une nouvelle loi.

Les opérations de régularisations postérieures à la clôture de l'exercice sont l'objet de propositions spéciales dans la loi de règlement.

(*Art. 32 du décret du 31 mai 1862.*)

ART. 15.

Interdiction de dépenses sans crédit.

Le Ministre ne peut, sous sa responsabilité, dépenser au delà des crédits qui lui ont été ouverts, ni engager aucune dépense nouvelle, avant qu'il ait été pourvu, par un supplément de crédit, au moyen de la payer.

Le Ministre des finances ne peut, sous sa responsabilité, autoriser les payements excédant les crédits ouverts à chaque ministère.

(*Art. 41 et 42 du décret du 31 mai 1862.*)

ART. 16.

Crédits supplémentaires et extraordinaires.

Il ne peut être accordé de crédits supplémentaires et extraordinaires qu'en vertu d'une loi.

Les crédits supplémentaires sont ceux qui doivent pourvoir à l'insuffisance, dûment justifiée, d'un service porté au budget, et qui ont pour objet l'exécution d'un service déjà voté, sans modification dans la nature de ce service.

Les crédits extraordinaires sont ceux qui sont commandés par des circonstances urgentes et imprévues et qui ont pour objet ou la création d'un service nouveau ou l'extension d'un service inscrit dans la loi de finances au delà des bornes déterminées par cette loi.

Tout crédit extraordinaire forme un chapitre particulier du budget de l'exercice pour lequel il a été ouvert.

Dans le cas de prorogation des Chambres, tel qu'il est défini dans le premier paragraphe de l'article 2 de la loi constitutionnelle du 16 juillet 1875, des crédits supplémentaires et extraordinaires peuvent être ouverts provisoirement par des décrets rendus en Conseil d'État, après avoir été délibérés et approuvés en conseil des Ministres; ils indiquent les voies et moyens qui sont affectés aux crédits demandés.

Ces décrets doivent être soumis à la sanction des Chambres dans la première quinzaine de leur plus prochaine réunion.

Peuvent seuls donner lieu à ouverture de crédits supplémentaires les *services votés* dont la nomenclature est annexée chaque année à la loi de finances.

Les crédits extraordinaires qui ont pour objet la création d'un service nouveau ne peuvent être ouverts par décret.

Il n'est point dérogé par cette disposition à celles des lois existantes, en ce qui concerne les dépenses des exercices clos et les fonds de concours pour dépenses d'intérêt public.

(*Art. 58 du décret du 31 mai 1862.*)

1...

ART. 17.

Crédits pour services non prévus au budget et crédits pour travaux.

Tout crédit ouvert au Ministre des postes et des télégraphes pour un service non prévu au budget de son département forme un chapitre particulier du compte général de l'exercice sur lequel il a été ouvert.

(*Art. 59 du décret du 31 mai 1862.*)

Aucune dépense pour entreprise de travaux ne devra être engagée et ne sera acquittée par le Trésor public qu'autant que le Ministre des finances, préalablement consulté, aura reconnu la possibilité d'y pourvoir.

(*Art. 1er de l'arrêté du 1er avril 1871.*)

ART. 18.

Crédits résultant de fonds de concours.

Les fonds versés par des départements, des communes ou des particuliers dans les caisses des receveurs des finances, pour concourir, avec ceux de l'État, à des dépenses d'intérêt public, sont inscrits provisoirement à un compte classé parmi les services spéciaux du Trésor, d'où ils sont ensuite retirés, pour être portés, par virement de comptes, aux produits divers du budget, en somme égale à la dépense effectuée. Un crédit égal au montant des fonds versés est ouvert par décret au Ministre compétent, additionnellement à ceux qui lui ont été accordés pour les mêmes travaux, et la portion desdits fonds qui n'a pas été employée pendant le cours d'un exercice peut être réimputée, avec la même affectation, aux budgets des exercices subséquents, en vertu de décrets qui prononcent l'annulation des sommes restées sans emploi sur l'exercice expiré.

(*Art. 52 du décret du 31 mai 1862.*)

ART. 19.

Budget des dépenses sur ressources spéciales.

Les crédits ouverts par la loi annuelle de finances pour les dépenses imputables sur des ressources spéciales sont employés par le Ministre et réglés définitivement d'après le montant des recettes effectuées, sans qu'il y ait lieu, en fin d'exercice, d'opérer des annulations ou d'accorder des suppléments de crédits pour les différences qui existeraient entre les produits réalisés et les crédits approximativement ouverts au budget. Un tableau justificatif des modifications qu'ont en conséquence éprouvées les évaluations du budget est joint à la proposition de loi pour le règlement définitif de l'exercice.

(*Art. 115 du décret du 31 mai 1862.*)

ART. 20.

Prohibition de ressources étrangères aux crédits législatifs.

Le Ministre ne peut accroître par aucune ressource particulière le montant des crédits affectés aux dépenses de son département.

Lorsque quelques-uns des objets mobiliers ou immobiliers à sa disposition ne peuvent être réemployés et sont susceptibles d'être vendus, la vente doit en être faite avec le concours des préposés des domaines et dans les formes prescrites. Le produit de ces ventes est porté en recette au budget de l'exercice courant.

(*Art. 43 du décret du 31 mai 1862.*)

ART. 21.

Matériaux et effets utilisés à titre de réemploi.

Les dispositions de l'article précédent, concernant les ventes d'objets mobiliers ou immobiliers, ne sont point applicables aux matériaux et effets susceptibles d'être utilisés, lesquels peuvent être réemployés, moyennant justification, pour les besoins du service même d'où ils proviennent, sans qu'il y ait lieu d'en ordonnancer la valeur au profit du Trésor public.

(*Art. 43 du décret du 31 mai 1862.*)

ART. 22.

Rétablissement de crédit par suite de reversement de fonds.

Les reversements de trop-payés qui sont effectués pendant la durée de l'exercice sur lequel l'ordonnancement a eu lieu, peuvent être rétablis au crédit du service qui avait d'abord supporté la dépense.

Ce rétablissement de crédit résulte de l'annulation du payement indûment fait, laquelle est opérée par virement de comptes, d'après la demande adressée à cet effet au Ministre des finances (*Direction générale de la comptabilité publique*) avec un récépissé du comptable qui a reçu les fonds, et un bordereau (*modèle n° 2*) indiquant : 1° la date et le numéro ainsi que le montant de l'ordonnance ou du mandat sur lequel porte la restitution ; 2° le comptable qui a payé la somme reversée ; 3° les causes qui rendent nécessaire le rétablissement de cette somme au crédit du ministère. Les demandes de cette nature doivent être faites dans un délai de trois mois au plus tard, à partir de la date de chaque récépissé, et il n'en est plus admis après le 30 novembre de la seconde année de l'exercice.

(*Art. 45 et 46 du décret du 31 mai 1862.*)

ART. 23.

Annulation des crédits non employés.

Les crédits ou portions de crédits qui n'ont pas été employés par des payements effectifs, à l'époque du 31 août de la seconde année d'un exercice, sont annulés dans la comptabilité du ministère, après le règlement définitif de cet exercice, sauf le report de crédits spéciaux autorisés par les lois.

(*Art. 119 du décret du 31 mai 1862.*)

ART. 24.

Distributions mensuelles de fonds.

Le Ministre des postes et des télégraphes adresse au Ministre des finances, avant le 25 de chaque mois, l'état des besoins de son département pour le mois suivant (*modèle n° 3*) ; cet état est compris par le Ministre des finances dans le projet de décret soumis tous les mois au Chef de l'État pour la distribution des fonds dont pourra disposer chaque Ministre pendant le mois suivant.

(*Art. 61 du décret du 31 mai 1862.*)

TITRE II.

DE L'EXÉCUTION DES SERVICES.

ART. 25.

Règle générale de l'exécution des services.

Aucun service à la charge du budget des postes et des télégraphes ne peut être fait ou consenti que sous la responsabilité du Ministre et d'après son autorisation, soit que cette autorisation ait lieu spécialement, soit qu'elle résulte de l'exécution des lois et décrets ou de l'application des règlements.

ART. 26.

Mode d'administration et d'exécution des divers services.

Les services de dépenses s'exécutent, selon les règles propres à chacun d'eux, sous la direction, la surveillance et la responsabilité des fonctionnaires placés à la tête des différentes branches du ministère qui participent à l'emploi des crédits.

Le mode d'administration et d'exécution de chaque service est déterminé par les instructions et règlements spéciaux, dont l'analyse est présentée ci-après, en regard de la nomenclature des pièces justificatives à produire aux comptables à l'appui des payements.

ART. 27.

Cautionnements en numéraire; capitaux et intérêts.

Les cautionnements en numéraire applicables à la garantie des fonctions publiques que les lois et règlements y ont assujetties doivent être versés dans les caisses du Trésor (1); ils sont l'objet de certificats d'inscription délivrés sur le vu des récipissés de versements.

(*Art. 287 et 288 du décret du 31 mai 1862.*)

Les intérêts de cautionnements à la charge du budget sont fixés par la loi.

ART. 28.

Frais de premier établissemnet du Ministre.

Aucune somme ne peut être allouée au Ministre, à titre de frais de premier établissement, que par exception et en vertu d'un décret nominatif et motivé, rendu conformément aux dispositions de la loi du 25 mars 1817.

(*Art. 64 du décret du 31 mai 1862.*)

ART. 29.

Traitements de diverses natures.

Les traitements fixes et suppléments de traitements, les remises et taxations, les indemnités fixes ou éventuelles allouées à titre d'émolument personnel, sont déterminés par les lois, décrets, arrêtés ou règlements relatifs aux services dans lesquels les emplois sont exercés, ou par des décisions de l'autorité compétente.

---

(1) A Paris, à la caisse centrale du Trésor public et à celle du receveur central des finances; dans les départements, aux caisses des trésoriers-payeurs généraux et à celles des receveurs des finances.

ART. 30.

Conditions et date de jouissance des traitements. Secours.

Les traitements et autres émoluments personnels sont acquis aux agents et employés en raison de l'accomplissement des fonctions ou services auxquels chaque rétribution est attachée.

La jouissance du traitement et des émoluments du nouveau titulaire d'un emploi court à partir du jour de son installation, à moins que l'époque d'entrée en jouissance ne résulte de l'acte même de nomination.

En cas de mutation, les agents de tous grades continuent à jouir de leur ancien traitement, jusqu'au jour de leur installation dans le nouveau service, à moins que l'époque d'entrée en jouissance ne résulte de l'acte même de nomination.

Lorsqu'un emploi est sans titulaire, la jouissance du traitement et des émoluments attachés à cet emploi peut être accordée, en totalité ou en partie, à toute personne appelée à remplir l'intérim, laquelle supporte alors les charges inhérentes au titre de l'emploi; néanmoins les retenues pour le service des pensions civiles ne sont exercées qu'autant que l'intérimaire fait partie d'une classe d'agents soumis au régime de ces retenues.

Les secours sont personnels. En cas de non-payement lors du décès d'un titulaire, ses héritiers ou représentants ne peuvent y avoir droit qu'en vertu d'une décision spéciale.

ART. 31.

Cessation de jouissance des traitements.

Les droits d'un titulaire d'emploi ou d'un intérimaire à la jouissance du traitement s'éteignent le lendemain du jour de la cessation du service, par suite soit de décès, soit de mise à la retraite, démission, révocation, suspension ou abandon de fonctions.

Le fonctionnaire admis à faire valoir ses droits à la retraite et l'agent démissionnaire peuvent être maintenus momentanément en activité, lorsque l'intérêt du service l'exige.

ART. 32.

Cumul de traitements.

Il est interdit de cumuler en entier les traitements de plusieurs places, emplois ou commissions. En cas de cumul de deux traitements, le moindre est réduit à moitié; en cas de cumul de trois traitements, le troisième est, en outre, réduit au quart, et ainsi de suite en observant cette proportion.

La réduction portée par le présent article n'a pas lieu pour les traitements cumulés qui sont au-dessous de 3,000 francs, ni pour les traitements plus élevés qui en ont été exceptés par les lois.

ART. 33.

Cumul de pensions.

Le cumul de deux pensions est autorisé dans la limite de 6,000 francs, pourvu qu'il n'y ait pas double emploi dans les années de service présentées pour la liquidation. Cette disposition n'est pas applicable aux pensions que des lois spéciales ont affranchies des prohibitions du cumul.

(*Art. 270 du décret du 31 mai 1862.*)

Lé titulaire de deux pensions, l'une sur le Trésor, l'autre sur les anciennes caisses de retraites, peut en jouir distinctement, pourvu qu'elles ne se rapportent ni au même temps ni aux mêmes services.

(*Art. 273 du décret du 31 mai 1862.*)

ART. 34.

Cumul de traitements et de pensions.

Les pensions de retraite pour services militaires peuvent se cumuler avec un traitement civil d'activité, excepté dans le cas où des services civils ont été admis comme complément du droit à ces pensions. Les pensions militaires de réforme sont, dans tous les cas, cumulables avec un traitement civil d'activité.

(*Art. 271 du décret du 31 mai 1862.*)

Lorsqu'un pensionnaire civil est remis en activité dans le même service, le payement de sa pension est suspendu. Lorsqu'il est remis en activité dans un service différent, il peut cumuler sa pension ou son traitement, mais seulement jusqu'à concurrence de 1,500 francs. Après la cessation de ses fonctions, il peut rentrer en jouissance de son ancienne pension, ou obtenir, s'il y a lieu, une nouvelle liquidation basée sur la généralité de ses services.

(*Art. 269 du décret du 31 mai 1862.*)

Les militaires de la réserve et de l'armée territoriale, autres que ceux mentionnés à l'article 53 de la loi du 13 mars 1875, cumulent, en temps de paix, les traitements ou pensions dont ils jouissent avec la solde et les prestations qui leur sont attribuées pendant les exercices ou manœuvres auxquels ils sont convoqués.

(*Art. 1er de la loi du 1er juin 1878.*)

ART. 35.

Exceptions aux règles prohibitives du cumul.

Ne sont pas soumis aux dispositions prohibitives du cumul de traitements et de pensions, les pensions à titre de récompense nationale, les pensions accordées aux anciens donataires et à leurs veuves, les traitements de la Légion d'honneur, les rentes viagères attribuées aux médaillés militaires, et les pensions de veuves de militaires ou d'employés tués pendant l'insurrection de la Commune de Paris.

(*Art. 67 et 274 du décret du 31 mai 1862 et lois des 15 septembre 1871 et 1er mars 1872.*)

Toute autre exception aux lois prohibitives du cumul est autorisée par une disposition spéciale de la loi.

(*Art. 275 du décret du 31 mai 1862.*)

ART. 36.

Abonnement pour frais de bureau et de déplacement.

Les directeurs-ingénieurs et les inspecteurs-ingénieurs du service technique ainsi que les directeurs de l'exploitation postale et télégraphique reçoivent, à titre d'abonnement pour *frais de bureau de toute nature*, une indemnité annuelle, payable par trimestre, à l'aide de laquelle ils doivent se munir de tous les *meubles* ou *objets* nécessaires à leur service et au classement méthodique des papiers et archives de leur bureau.

Ils doivent également pourvoir, au moyen de cet abonnement, au logement de leurs bureaux et aux dépenses nécessitées par les tournées réglementaires.

ART. 37.

Abonnement pour frais de régie et de loyer. (Bureaux de télégraphie et bureaux mixtes composés.)

Les receveurs des bureaux de télégraphie et ceux des bureaux composés *mixtes*, c'est-à-dire d'exploitation postale et télégraphique, sont chargés, sauf les exceptions spéciales, de pourvoir directement et sous leur responsabilité, à tous les frais de chauffage et d'éclairage, aux fournitures de bureau, et d'une manière générale, à l'entretien des bureaux qui leur sont confiés. Une indemnité annuelle, payable par trimestre, leur est allouée à cet effet.

Le chiffre en est fixé par décision ministérielle.

Les receveurs doivent encore pourvoir, avec leurs frais d'abonnement, aux réparations locatives à effectuer dans les pièces consacrées à leur logement particulier, l'obligation de les entretenir résultant pour eux de la jouissance du logement.

Le Ministre détermine le mobilier des locaux affectés au service postal et télégraphique, ainsi que les instruments, outils et appareils spéciaux dont la fourniture ou l'achat est à la charge de l'État.

Ces objets sont également entretenus par l'État, pourvu que la détérioration n'en puisse être imputée à un défaut de soin de la part des agents responsables de leur conservation.

Les autres objets du mobilier sont fournis et entretenus par les receveurs qui en ont la propriété.

L'abonnement, fixé par décision ministérielle, est payable par trimestre.

ART. 38.

Abonnement pour frais de régie et de loyer. (Bureaux de poste et bureaux mixtes simples.)

L'allocation accordée sous le nom d'abonnement pour frais de régie et de loyer aux receveurs des bureaux de poste et des bureaux mixtes *simples* comprend : 1° les sommes allouées par l'État pour le loyer de la maison qu'ils occupent, et dont le bail, autorisé seulement par l'administration, est fait en leur nom ; 2° une indemnité destinée à les couvrir des dépenses annuelles qu'ils ont à faire pour les fournitures diverses et l'entretien du mobilier du bureau (lequel leur appartient), ainsi que pour les frais d'éclairage et de chauffage.

L'abonnement, fixé par décision ministérielle, est payable par trimestre.

ART. 39.

Loyers.

Les loyers ou locations de bâtiments doivent être consentis par baux ou conventions écrites. Il ne doit y être stipulé aucun payement par avances imputables sur les derniers termes de la jouissance.

ART. 40.

Approbation des baux.

Les baux passés au nom de l'administration sont autorisés par le Ministre ou par son délégué spécial.

L'approbation du Ministre est nécessaire pour les baux qui ont plus de neuf ans de durée.

ART. 41.

Acquisitions d'immeubles.

Les acquisitions d'immeubles sont autorisées, suivant les cas, par une loi, par un décret ou par une décision ministérielle.

ART. 42.

Marchés pour travaux et fournitures; règles générales et spéciales.

Tous marchés pour travaux et fournitures au compte du département des postes et des télégraphes sont passés avec publicité et concurrence, dans les formes déterminées ci-après, et sauf les exceptions mentionnées au paragraphe suivant.

(*Art. 68 du décret du 31 mai 1862.*)

§ 1er. Il peut être traité de gré à gré :

1° Pour les fournitures, transports et travaux dont la dépense totale n'excède pas 10,000 francs, ou, s'il s'agit d'un marché passé pour plusieurs années, dont la dépense annuelle n'excède pas 3,000 francs;

2° Pour toute espèce de fournitures, de transports ou de travaux, lorsque les circonstances exigent que les opérations du Gouvernement soient tenues secrètes : ces marchés doivent préalablement avoir été autorisés par le Chef de l'État, sur un rapport spécial;

3° Pour les objets dont la fabrication est exclusivement attribuée à des porteurs de brevets d'invention ou d'importation;

4° Pour les objets qui n'auraient qu'un possesseur unique;

5° Pour les ouvrages et les objets d'art et de précision dont l'exécution ne peut être confiée qu'à des artistes éprouvés;

6° Pour les exploitations, fabrications et fournitures qui ne sont faites qu'à titre d'essai;

7° Pour les matières et denrées qui, en raison de leur nature particulière et de la spécialité de l'emploi auquel elles sont destinées, sont achetées et choisies aux lieux de production, ou livrées sans intermédiaire par les producteurs eux-mêmes;

8° Pour les fournitures, transports ou travaux qui n'ont été l'objet d'aucune offre aux adjudications, ou à l'égard desquels il n'a été proposé que des prix inacceptables; toutefois, lorsque l'administration a cru devoir arrêter et faire connaître un maximum de prix, elle ne doit pas dépasser ce maximum;

9° Pour les fournitures, transports ou travaux qui, dans le cas d'urgence évidente, amenée par des circonstances imprévues, ne peuvent pas subir les délais des adjudications;

10° Pour les affrétements passés au cours des places par l'intermédiaire des courtiers et pour les assurances sur les chargements qui s'ensuivent.

(*Art. 69 du décret du 31 mai 1862.*)

§ 2. Les adjudications publiques relatives à des fournitures, à des travaux, à des exploitations ou fabrications qui ne peuvent être livrés sans inconvénient à une concurrence illimitée, sont soumises à des restrictions qui n'admettent à concourir que des personnes préalablement reconnues capables par l'administration et produisant des garanties exigées par les cahiers des charges.

(*Art. 71 du décret du 31 mai 1862.*)

§ 3. Les cahiers des charges déterminent la nature et l'importance des garanties que les fournisseurs ou entrepreneurs doivent produire, soit pour être admis aux adjudications, soit pour répondre de l'exécution de leurs engagements. Ils déterminent aussi l'action que l'administration exerce sur ces garanties, en cas d'inexécution des engagements.

(*Art. 73 du décret du 31 mai 1862.*)

§ 4. L'avis des adjudications à passer est publié, sauf le cas d'urgence, un mois à l'avance, par la voie des affiches et par tous les moyens ordinaires de publicité. Cet avis fait connaître : le lieu où l'on peut prendre connaissance du cahier des charges; les autorités chargées de procéder à l'adjudication; le lieu, le jour et l'heure fixés pour l'adjudication.

(*Art. 74 du décret du 31 mai 1862.*)

§ 5. Les soumissions sont remises cachetées en séance publique.

Lorsqu'un maximum de prix ou un minimum de rabais a été arrêté d'avance par le Ministre ou par le fonctionnaire qu'il a délégué, ce maximum ou ce minimum est déposé sous pli cacheté sur le bureau, à l'ouverture de la séance.

(*Art. 75 du décret du 31 mai 1862.*)

§ 6. Dans le cas où plusieurs soumissionnaires offriraient le même prix et où ce prix serait le plus bas de ceux que porteraient les soumissions, il est procédé, séance tenante, et avant l'ouverture du pli cacheté, à une réadjudication, soit sur de nouvelles soumissions, soit à l'extinction des feux, entre ces soumissionnaires seulement.

(*Art. 76 du décret du 31 mai 1862.*)

§ 7. Lorsque, d'après le dépouillement des soumissions déposées, il ne s'en trouve aucune dans la limite du maximum de prix ou du minimum de rabais, il peut être procédé, séance tenante, à une autre adjudication entre les soumissionnaires présents, lesquels, pour cet effet, sont admis à proposer par écrit des rabais sur leurs premières soumissions.

§ 8. Les résultats de chaque adjudication sont constatés par un procès-verbal relatant toutes les circonstances de l'opération.

(*Art. 77 du décret du 31 mai 1862.*)

§ 9. Il est fixé par le cahier des charges un délai pour recevoir des offres de rabais sur le prix de l'adjudication. Si, pendant ce délai, qui ne doit pas dépasser trente jours, il est fait une ou plusieurs offres de rabais d'au moins dix pour cent chacune, il est procédé à une réadjudication entre le premier adjudicataire et l'auteur ou les auteurs des offres de rabais, pourvu que ces derniers aient, préalablement à leurs offres, satisfait aux conditions imposées par le cahier des charges pour pouvoir se présenter aux adjudications.

(*Art. 78 du décret du 31 mai 1862.*)

§ 10. Les adjudications et réadjudications sont toujours subordonnées à l'approbation du Ministre, et ne sont valables et définitives qu'après cette approbation, sauf les exceptions spécialement autorisées et relatées dans le cahier des charges.

(*Art. 79 du décret du 31 mai 1862.*)

§ 11. Les marchés de gré à gré sont passés par le Ministre ou par les fonctionnaires qu'il délègue à cet effet. Ils ont lieu, soit sur un engagement souscrit à la suite du cahier des charges, soit sur soumission souscrite par celui qui propose de traiter, soit sur correspondance, suivant l'usage du commerce.

Il peut y être suppléé par des travaux sur simple mémoire ou par des achats sur simple facture, pour les objets qui sont livrés immédiatement, quand la valeur n'excède pas 1,000 francs.

Les marchés de gré à gré passés par les délégués du Ministre, et les achats ou travaux exécutés dans la limite qui vient d'être déterminée, sont toujours subordonnés à son approbation, à moins, soit de nécessité résultant de force majeure, soit d'une autorisation spéciale ou dérivant des règlements; circonstances qui sont relatées dans les marchés ou dans les décisions approbatives des achats ou des travaux.

(*Art. 80 du décret du 31 mai 1862.*)

§ 12. Les dispositions précédentes ne sont point applicables aux marchés passés aux colonies ou hors du territoire de la France et de l'Algérie, ni aux travaux que l'administration, par des circonstances de force majeure ou d'urgence constatée, est dans la nécessité d'exécuter en régie ou à la journée, auquel cas il doit être joint à l'ordonnance ou au mandat une déclaration de l'ordonnateur relatant ces circonstances.

(*Art. 81 du décret du 31 mai 1862.*)

ART. 43.

Ouvrages et objets d'art.

A l'égard des ouvrages et objets d'art et de précision dont le prix n'aura pu être fixé qu'après l'entière exécution du travail, il sera suppléé au marché par une décision ministérielle approbative de la dépense et motivée.

ART. 44.

Délai pour la production des pièces par les entrepreneurs et fournisseurs.

Les marchés, traités ou conventions à passer pour les services du matériel doivent exprimer l'obligation, pour tout entrepreneur ou fournisseur, de produire les titres justificatifs de la créance résultant de l'exécution du service, dans les trois mois qui suivent le trimestre pendant lequel le service a été exécuté ou terminé.

Lorsque la nature du service le permet, les marchés peuvent stipuler des délais de production plus restreints, afin de rapprocher autant que possible de l'époque d'exécution celle de la liquidation définitive des dépenses.

ART. 45.

Prohibition de stipulations d'intérêts pour avances de fonds.

Aucune stipulation d'intérêts ou de commissions de banque ne peut être consentie au profit d'un entrepreneur, fournisseur ou régisseur, en raison d'emprunts temporaires ou d'avances de fonds pour l'exécution et le payement des services publics.

(*Art. 12 du décret du 31 mai 1862.*)

Cette disposition n'exclut pas toutefois les allocations de frais et indemnités qui ne peuvent être prévus dans les devis et ne sont pas susceptibles d'être supportés par les entrepreneurs ou autres créanciers des services.

ART. 46.

Versement de sommes provenant d'un service public.

Toutes sommes provenant d'un service public, d'un travail fait par des agents rétribués sur les fonds de l'État ou de loyers de bâtiments et terrains dépendant d'édifices assignés à des établissements publics à la charge de l'État, doivent être versées dans les caisses du Trésor public, et portées en recette au budget.

ART. 47.

Interdiction de prélèvements de dépenses sur les produits du budget; remboursements et restitutions.

Il doit être fait recette du montant intégral des produits dont la perception a lieu, au nom de l'État, par les agents comptables des postes et des télégraphes. Les frais d'administration, de régie et d'exploitation, ainsi que les sommes que l'État doit restituer, répartir ou bonifier à divers, sont portés en dépense.

(*Art. 16 du décret du 31 mai 1862.*)

TITRE III.

DE LA LIQUIDATION DES DÉPENSES.

ART. 48.

Liquidateurs; leur responsabilité.

Aucune créance ne peut être liquidée à la charge du Trésor que par le Ministre ou par ses délégués.

(*Art. 62 du décret du 31 mai 1862.*)

Les administrateurs et ordonnateurs chargés de la liquidation et de l'ordonnancement des dépenses sont responsables de l'exactitude des certifications qu'ils délivrent.

(*Art. 14 et 15 du décret du 31 mai 1862.*)

ART. 49.

Constatation préalable des droits des créanciers.

Aucun payement ne pouvant être effectué, aux termes de l'article 113 ci-après, que pour l'acquittement d'un service fait, la constatation des droits des créanciers doit toujours précéder l'émission des ordonnances ou mandats de payement, sauf les exceptions spécifiées au présent règlement.

ART. 50.

Mode de liquidation des droits acquis.

La constatation des droits résulte des rapports ou décomptes de liquidation, appuyés de pièces justificatives, que les chefs des services administratifs établissent par trimestre ou par mois et par créancier, pour chaque espèce de dépense, selon la nature des services et l'exigibilité des créances.

Il est procédé aux liquidations de droits acquis, soit d'office pour les créances à l'égard desquelles il existe des bases et éléments de liquidation dans les bureaux de l'administration, soit d'après les justifications produites par les créanciers eux-mêmes, ou, dans leur intérêt, par les agents administratifs et autres intervenant à cet effet.

ART. 51.

Décisions approbatives des rapports de liquidation.

Les rapports de liquidation, lorsqu'ils émanent d'un des services de l'administration centrale du ministère des postes et des télégraphes, doivent être approuvés par le Ministre. Ceux qui concernent un service extérieur peuvent être soumis ou non à l'approbation du Ministre, selon l'importance et la nature de la dépense, et d'après les bases déterminées par les règles spéciales à chaque service ou par la nomenclature qui fait suite au présent règlement.

ART. 52.

Titres justificatifs des droits des créanciers.

Les titres de chaque liquidation doivent offrir les preuves des droits acquis aux créanciers de l'État, et être rédigés conformément aux instructions spéciales qui déterminent le mode de liquidation applicable à chaque espèce de dépense, la nature et la forme des pièces justificatives, les époques de leur production, ainsi que les divers contrôles auxquels elles sont soumises.

(*Art. 63 du décret du 31 mai 1862.*)

ART. 53.

Production légale des pièces de dépenses.

La production des pièces de dépenses ne s'effectue légalement que par l'envoi direct ou le dépôt au ministère des postes et des télégraphes, ou entre les mains des ordonnateurs secondaires, des comptes, factures et autres documents exigés par les règlements, marchés ou conventions.

La date de cette production est constatée au moyen de l'inscription qui en est faite sur des registres tenus à cet effet à l'administration centrale et par les liquidateurs et ordonnateurs des dépenses. Mention de l'enregistrement est faite sur les pièces produites.

Tout créancier a le droit de se faire délivrer un bulletin énonçant la date de sa demande en liquidation et les pièces produites à l'appui. Ce bulletin est dressé d'après les registres ou documents authentiques indiqués ci-dessus.

(*Art. 137 et 138 du décret du 31 mai 1862.*)

ART. 54.

Liquidation des traitements; décomptes mensuels et trimestriels.

Les traitements et les émoluments assimilés aux traitements se liquident par mois ou par trimestre et sont payables à terme échu. Chaque mois, quel que soit le nombre de jours dont il se compose, compte pour trente jours. Le douzième de l'allocation annuelle se divise, en conséquence, par trentième; chaque trentième est indivisible.

Les états ou décomptes mensuels de liquidation portent sur le douzième des allocations annuelles. Les centimes compris dans ce douzième entrent dans le décompte; mais toute fraction de centime se néglige. Ces décomptes présentent distinctement les diverses retenues à exercer au profit du Trésor pour le service des pensions civiles ou pour toute autre cause et font ressortir la somme nette à payer à chaque titulaire : un centime entier est alloué au Trésor, toutes les fois qu'il a droit à une fraction quelconque de centime.

ART. 55.

Retenues sur traitements pour le service des pensions civiles.

Les fonctionnaires et employés du ministère des postes et des télégraphes, qui sont rétribués directement par l'État, supportent indistinctement, pour le service des pensions civiles, et sans pouvoir, dans aucun cas, les répéter, les retenues ci-après, sur les sommes qui leur sont payées à titre de traitement fixe ou éventuel, de supplément de traitement, de salaires, ou qui constituent pour eux, à tout autre titre, un émolument personnel, savoir :

1° Une retenue de cinq pour cent sur le montant brut du traitement ou autre rétribution;

2° Une retenue du douzième du montant net du traitement ou de la rétribution, lors de la première nomination ou dans le cas de réintégration, et une autre du douzième net de toute augmentation ultérieure;

3° Les retenues prescrites pour cause de congés et d'absences ou par mesure disciplinaire.

(*Art. 3 de la loi du 9 juin 1853.*)

Des retenues dont le taux est fixé par l'arrêté ministériel du 1er juin 1875, sont faites sur les sommes payées aux ouvriers commissionnés, à titre de salaires, primes, gratifications, supplément éventuel de solde, haute paye, et versées à la Caisse des retraites pour la vieillesse.

Les fonctionnaires et employés qui, sans cesser d'appartenir au cadre permanent de leur administration et en conservant leurs droits à l'avancement hiérarchique ainsi qu'à la pension, sont rétribués en tout ou en partie sur les fonds départementaux ou communaux, sur les fonds des compagnies concessionnaires, et même sur des remises et salaires payés par des particuliers, supportent les retenues pour pensions civiles sur l'intégralité de leurs rétributions.

(*Art. 4 de la loi du 9 juin et art. 13 du décret du 9 novembre 1853.*)

Pour ceux qui sont rétribués par des remises et des salaires variables, la retenue du premier douzième des augmentations s'exerce en se reportant au dernier prélèvement subi par le titulaire, soit à titre de premier mois de traitement, soit à titre de premier douzième d'augmentation, et la différence existant entre la moyenne du traitement frappé de la dernière retenue et celle des émoluments afférents au nouvel emploi constitue l'augmentation passible de la retenue du premier douzième.

(*Art. 23 du décret du 9 novembre 1853.*)

Le fonctionnaire démissionnaire, révoqué ou destitué, s'il est réadmis dans un emploi assujetti à la retenue, subit de nouveau la retenue du premier mois de son traitement et celle du premier douzième des augmentations ultérieures. Celui qui, par mesure disciplinaire ou par mutation volontaire d'emploi, est descendu à un traitement inférieur subit la retenue du premier douzième des augmentations subséquentes.

(*Art. 25 du décret du 9 novembre 1853.*)

Les articles 3, paragraphe 2, de la loi du 9 juin 1853 et 25 du décret du 9 novembre suivant sont applicables à tous les fonctionnaires qui ont été privés de leur emploi par une mesure administrative, lorsque leur remplacement n'a pas été accompagné par une formule telle que l'appel à d'autres fonctions, la mise en disponibilité ou en inactivité, ce qui permet de ne les pas considérer comme sortis de l'administration.

(*Avis du Conseil d'État du 4 avril 1878.*)

Le pensionnaire civil rappelé à l'activité doit supporter sur son nouveau traitement la retenue du premier douzième prescrite, dans le cas de réintégration, par l'article 3 de la loi du 9 juin 1853.

(*Avis du Conseil d'État du 5 novembre 1878.*)

ART. 56.

Retenues pour cause de congé et d'absence.

Les fonctionnaires et employés ne peuvent obtenir, chaque année, un congé ou une autorisation d'absence de plus de quinze jours, sans subir une retenue. Toutefois un congé d'un mois, sans retenue, peut être accordé à ceux qui n'ont joui d'aucun congé et d'aucune autorisation d'absence pendant trois années consécutives.

Pour les congés de moins de trois mois, la retenue est de la moitié au moins et des deux tiers au plus du traitement. Après trois mois de congés consécutifs ou non, dans la même année, l'intégralité du traitement est retenue.

Si, pendant l'absence d'un employé, il y a lieu de pourvoir à des frais d'intérim, le montant en est précompté, jusqu'à due concurrence, sur la retenue qu'il doit subir.

En cas d'absence pour cause de maladie dûment constatée, le fonctionnaire ou l'employé peut être autorisé à conserver l'intégralité de son traitement pendant un temps qui ne peut excéder trois mois : pendant les trois mois suivants, il peut obtenir un congé avec retenue de moitié au moins et des deux tiers au plus du traitement. Si la maladie est déterminée par l'une des causes exceptionnelles prévues au premier et au deuxième paragraphe de l'article 11 de la loi du 9 juin 1853 (1), le fonctionnaire peut conserver l'intégralité de son traitement jusqu'à son rétablissement ou jusqu'à sa mise à la retraite.

Sont affranchies de toute retenue les absences ayant pour cause l'accomplissement d'un des devoirs imposés par la loi.

Les retenues prescrites par le présent article s'exercent sur les rétributions de toute nature constituant l'émolument personnel passible de la retenue de 5 p. o/o, aux termes de l'article précédent.

(*Art. 16 et 18 du décret du 9 novembre 1853.*)

ART. 57.

Retenues par mesure disciplinaire.

Le fonctionnaire ou l'employé qui s'est absenté ou qui a dépassé la durée de ses vacances ou de son congé, sans autorisation, peut être privé de son traitement pendant un temps double de celui de son absence irrégulière.

Une retenue, qui ne peut excéder deux mois de traitement, peut être infligée, par mesure disciplinaire, dans le cas d'inconduite, de négligence ou de manquement au service.

Cette retenue s'exerce pareillement sur l'intégralité de l'émolument personnel passible de la retenue de 5 p. o/o.

(*Art. 17 et 18 du décret du 9 novembre 1853.*)

---

(1) « § 1er. Les fonctionnaires et employés qui auront été mis hors d'état de continuer leur service, soit par suite d'un acte de dévouement dans un intérêt public, ou en exposant leurs jours pour sauver la vie de leurs concitoyens, soit par suite de lutte ou combat soutenu dans l'exercice de leurs fonctions;

« § 2. Ceux qu'un accident grave, résultant notoirement de l'exercice de leurs fonctions, met dans l'impossibilité de les continuer. »

ART. 58.

Indemnités distinctes des traitements; exemption de retenues.

Les indemnités fixes ou variables attachées à l'exercice de divers emplois, en raison, soit de circonstances locales, soit de services spéciaux extraordinaires ou temporaires, ne sont point assimilées aux traitements fixes, lors même qu'elles sont payables par imputation sur les crédits affectés aux traitements. Ces dépenses sont toujours présentées distinctement dans les décomptes et classées dans la comptabilité sous la dénomination qui leur appartient.

Sont affranchies des retenues prescrites par l'article ci-dessus les sommes payées, à titre d'indemnités, pour frais de représentation, de gratifications éventuelles, de salaire de travail extraordinaire et de nuit, d'indemnités pour missions extraordinaires, d'indemnité de perte, de frais de voyage, d'abonnement et d'allocations pour frais de bureau, de régie, de table et de loyer, de supplément de traitement colonial et de remboursement de dépenses, ainsi que les remises proportionnelles allouées aux receveurs pour la vente des timbres-poste, et sur les recettes télégraphiques, dans les bureaux dont les titulaires sont assujettis à un cautionnement.

(*Art. 21 du décret du 9 novembre 1853.*)

ART. 59.

Rappel de traitement.

Tout rappel de traitement et autre émolument personnel se liquide distinctement à la charge de l'exercice déterminé par l'année pendant laquelle les droits au rappel ont été acquis. Il n'est, dans aucun cas, procédé par voie d'augmentation aux droits susceptibles d'être liquidés pour l'année courante.

ART. 60.

Reprise par voie de précompte sur traitements.

Les reprises à opérer pour traitements ou émoluments indûment payés peuvent être précomptées sur les liquidations de droits ultérieurement acquis, lorsque la dépense à annuler et la dépense à acquitter sont homogènes et concernent le même exercice et le même article du budget; il suffit alors d'expliquer l'opération dans le nouveau décompte, sur lequel il est fait déduction de la somme à répéter aux titulaires.

Ce mode de reprise par compensation s'applique également aux retenues.

ART. 61.

Retenues à précompter aux entrepreneurs et autres créanciers.

Les retenues à exercer envers des entrepreneurs, fournisseurs, comptables ou autres créanciers, pour cause de perte, moins-value ou débet, ainsi que pour retard dans l'exécution des travaux ou dans la livraison de fournitures, peuvent être opérées par voie d'imputation à leur débit; mais des ordonnances simultanées de pareilles sommes sont alors délivrées au profit du Trésor.

ART. 62.

Toute liquidation de droits acquis à un remboursement de trop-perçu doit relater la date de l'encaissement par le Trésor de la somme à rembourser et indiquer l'imputation qu'elle a reçue au budget des recettes.

Liquidation de droits à remboursement.

ART. 63.

Aucune pièce produite pour la justification des dépenses ne doit être grattée ni surchargée. Lorsqu'il y a lieu d'y opérer une rectification dans la somme ou dans le texte, la partie à corriger est biffée au moyen d'un trait de plume et remplacée par l'énonciation exacte qui doit lui être substituée. La substitution, en interligne ou par renvoi, est approuvée et signée ou parafée par le liquidateur.

Interdiction de grattage et de surcharge sur les pièces de dépenses.

Ce fonctionnaire n'admet lui-même aucune pièce modifiée dans ses énonciations, qu'autant que la correction a été dûment approuvée.

ART. 64.

Les décisions rendues par le Ministre en matière contentieuse et notifiées aux parties intéressées ne peuvent être attaquées que dans la forme et les délais déterminés par le décret du 22 juillet 1806 (1).

Décisions ministérielles en matière contentieuse.

Sont toutefois admissibles, dans le délai fixé par l'article 149 du présent règlement, les réclamations appuyées de nouveaux titres ou ayant pour objet le redressement d'erreurs matérielles.

ART. 65.

Toutes les dépenses d'un exercice doivent être liquidées dans les sept mois qui suivent l'expiration de l'année de cet exercice.

Clôture des liquidations.

(*Art. 116 du décret du 31 mai 1862.*)

TITRE IV.

DE L'ORDONNANCEMENT DES DÉPENSES.

ART. 66.

Aucune dépense faite pour le compte du ministère des postes et des télégraphes ne peut être acquittée, si elle n'a été préalablement ordonnancée directement par le Ministre ou mandatée par un ordonnateur secon-

Ordonnancement préalable des dépenses.

(1) « Art. 11. Le recours au Conseil d'État contre la décision d'une autorité qui y ressortit ne sera pas recevable après trois mois du jour où cette décision aura été notifiée. »

2...

daire en vertu de sa délégation, sauf les exceptions consacrées par le tableau analytique du mode d'administration et de comptabilité des divers services, ainsi qu'il est spécifié dans la nomenclature annexée au présent règlement.

(*Art. 82 du décret du 31 mai 1862.*)

ART. 67.

Ordonnances ministérielles.

Les actes par lesquels le Ministre dispose des crédits qui lui sont ouverts reçoivent le titre d'*ordonnances ministérielles*.

Ces ordonnances doivent toujours être signées par le Ministre des postes et des télégraphes ou, en cas d'empêchement, par le Ministre qui le supplée.

Elles sont préparées par les soins du chef du service de la comptabilité, et présentées par lui à la signature du Ministre.

ART. 68.

Ordonnances de payement et ordonnances de délégation.

Les ordonnances ministérielles se divisent en *ordonnances de payement* et en *ordonnances de délégation*.

Les ordonnances de payement (*modèle n° 4*) sont celles que le Ministre délivre directement au profit ou au nom d'un ou de plusieurs créanciers de l'État.

Les ordonnances de délégation (*modèle n° 5*) sont celles par lesquelles le Ministre autorise les ordonnateurs secondaires à disposer d'un crédit ou d'une portion de crédit, par des mandats de payement, au profit ou au nom d'un ou de plusieurs créanciers.

(*Art. 84 du décret du 31 mai 1862.*)

ART. 69.

Formation des titres et états des créances à ordonnancer.

A mesure de l'exigibilité des créances, les fonctionnaires et agents administratifs chargés des divers services de dépenses réunissent les titres constatant les droits des créanciers, arrêtent, dans la forme déterminée pour chaque nature de dépense, les états, bordereaux, décomptes ou relevés des sommes à ordonnancer directement par le Ministre au profit des titulaires de créances, et transmettent ces documents, appuyés des pièces justificatives, au service de la comptabilité (*modèle n° 6*).

Lesdits fonctionnaires ou agents, lorsqu'ils agissent en qualité d'ordonnateurs secondaires, adressent, par l'intermédiaire des services intéressés, au service de la comptabilité des relevés mensuels (*modèles nos 7, 8 et 9*) des sommes à mettre à leur disposition, au moyen d'ordonnances de délégation du Ministre, pour l'imputation des mandats de payement à délivrer au profit des créanciers des services qui leur sont confiés.

ART. 70.

Revision des demandes d'ordonnancement et avis de la délivrance des ordonnances.

A mesure que les demandes d'ordonnances ministérielles parviennent au service de la comptabilité, elles y sont, ainsi que les pièces justificatives, au cas où celles-ci doivent y être jointes, l'objet d'une revision spéciale.

D'après le résultat de cette revision, le Ministre délivre, s'il y a lieu, les ordonnances demandées, et, dans ce cas, avis de la délivrance (*modèles nos 10 et 11*) est adressé aux fonctionnaires et agents qui l'ont provoquée; dans le cas contraire, le Ministre fait renvoyer auxdits fonctionnaires et agents leurs demandes, accompagnées de notes énonçant les motifs du rejet, de l'ajournement ou de la modification dont elles sont susceptibles.

ART. 71.

Conditions d'admission par le Trésor des ordonnances ministérielles.

Toute ordonnance ministérielle doit, pour être admise au Trésor, porter sur un crédit régulièrement ouvert et se renfermer dans les limites des distributions mensuelles de fonds.

(*Art. 83 du décret du 31 mai 1862.*)

ART. 72.

Règles et formalités pour l'expédition des ordonnances.

Toute ordonnance énonce l'exercice et le crédit ainsi que le chapitre du budget auxquels la dépense s'applique. Les articles et paragraphes y sont de plus indiqués, s'il y a lieu, d'après la nomenclature générale des dépenses de l'exercice établie conformément à l'article 9.

(*Art. 11 du décret du 31 mai 1862.*)

Chaque ordonnance porte la date du jour de sa signature par le Ministre.

Les ordonnances de payement ou de délégation sont délivrées distinctement par chapitre; elles peuvent être collectives pour les départements.

Une même ordonnance de payement ou de délégation ne peut comprendre des créances payables par le caissier-payeur central à Paris et des créances payables par d'autres comptables.

Une ordonnance de délégation payable dans les départements peut embrasser plusieurs chapitres, sauf division des sommes par chapitre.

Les ordonnances de payement et de délégation payables dans les départements sont accompagnées d'extraits ou *avis spéciaux* destinés aux trésoriers-payeurs généraux et aux receveurs principaux des postes et des télégraphes (*modèles nos 12 et 13*), lesquels avis sont préparés ou recueillis par le service de la comptabilité du ministère, qui les certifie.

ART. 73.

Lettres d'avis de l'expédition des ordonnances.

Des lettres d'avis de l'expédition des ordonnances, contenant extrait de ces ordonnances et en tenant lieu, sont délivrées :

1° En ce qui concerne les ordonnances de payement, aux titulaires de créances, pour les accréditer auprès des comptables sur la caisse desquels les payements sont assignés (*modèles nos 14 et 15*);

2° En ce qui concerne les ordonnances de délégation, aux ordonnateurs secondaires, pour leur faire connaître les crédits mis à leur disposition par le Ministre (*modèle n° 16*).

Les énonciations d'exercice et de chapitre exigées pour les ordonnances par l'article précédent sont reproduites dans les lettres d'avis.

ART. 74.

Remise des lettres d'avis ou extraits des ordonnances de payement.

Les ordonnateurs demeurent chargés, sous leur responsabilité, de la remise aux ayants droit des lettres d'avis ou extraits des ordonnances de payement.

(*Art. 86 du décret du 31 mai 1862.*)

Les lettres d'avis sont délivrées aux titulaires sur la justification de leur individualité, ou à leurs représentants, sur la production de titres ou pouvoirs réguliers.

A Paris et pour le département de la Seine, la délivrance en est constatée au bureau de l'ordonnancement des dépenses du ministère, sur un registre émargé par les titulaires de créances ou par leurs représentants. Pour les autres départements, les lettres d'avis sont envoyées directement aux ayants droit, ou elles leur sont délivrées par l'entremise des autorités administratives ou des chefs de service, qui retirent un récépissé des lettres qu'ils remettent.

La remise au caissier-payeur central du Trésor public de tout avis portant extrait d'une ordonnance expédiée au nom ou au profit du Trésor est notifiée au contrôleur central.

ART. 75.

Ouverture des crédits de délégation.

Les lettres d'avis de l'expédition des ordonnances de délégation constituent, pour les ordonnateurs secondaires, le titre en vertu duquel ils disposent des crédits ministériels qui leur sont ouverts.

ART. 76.

Ordonnateurs secondaires, délégataires des crédits.

Les ordonnateurs secondaires des dépenses du département des postes et des télégraphes sont :

Pour le service technique, les directeurs-ingénieurs de région;

Pour le service de l'exploitation postale et télégraphique, les directeurs des postes et des télégraphes.

(*Art. 2 du décret du 15 octobre 1880.*)

La qualité d'ordonnateur secondaire peut aussi être attribuée, par décision spéciale du Ministre, aux commissaires du Gouvernement près les compagnies concessionnaires des services maritimes, pour les dépenses relatives à ce service.

La signature des ordonnateurs secondaires est, au moment de leur entrée en fonctions, accréditée auprès des comptables sur la caisse desquels ils peuvent avoir des mandats de payement à délivrer.

ART. 77.

Cumulation des crédits de délégation.

Les crédits délégués à chaque ordonnateur secondaire pour le même exercice et le même service sont successivement ajoutés les uns aux autres, et forment, ainsi cumulés, un crédit unique, par chapitre, article ou paragraphe, selon qu'ils ont été ouverts.

ART. 78.

Spécialité des crédits de délégation.

Les crédits de délégation sont ouverts spécialement pour chaque nature de dépense.

En conséquence, les ordonnateurs secondaires ne peuvent, pour quelque motif que ce soit, en changer l'affectation; ils ne peuvent non plus en outrepasser le montant par la délivrance de leurs mandats.

ART. 79.

Durée des crédits de délégation.

Tout crédit de délégation ouvert pour servir à l'acquittement des dépenses d'un exercice est valable, quelle que soit sa date, et sauf annulation expresse, jusqu'au dernier jour inclus du septième mois de l'année qui suit cet exercice. A l'expiration de ce délai, les crédits ou portions de crédits cumulés qui n'ont point été employés par des mandats cessent d'être à la disposition des ordonnateurs secondaires.

ART. 80.

Déclaration de crédit sans emploi.

Si, par quelque circonstance imprévue, il ne doit pas être fait emploi, en tout ou en partie, d'un crédit de délégation, l'ordonnateur secondaire, sans attendre l'époque de la clôture de la comptabilité de l'exercice, adresse, par l'intermédiaire du service intéressé, au Ministre (*Service de la comptabilité*), une déclaration spéciale de crédit sans emploi, dans la forme du *modèle n° 17*. A partir de ce moment, il ne peut plus faire emploi de ce crédit, mais il s'abstient d'en constater l'annulation dans ses écritures, jusqu'à ce qu'il ait reçu du service de la comptabilité un avis à cet effet.

ART. 81.

Remplacement et mutation des titulaires de crédits de délégation.

Lorsqu'un ordonnateur secondaire est remplacé par un intérimaire, ce dernier dispose des crédits ou portions de crédits ouverts à celui dont il remplit les fonctions.

L'ordonnateur secondaire nouvellement nommé devient titulaire des crédits ouverts à son prédécesseur. Toutes les pièces de comptabilité restent à sa disposition, et les livres et journaux sont continués par ses soins jusqu'à la clôture de l'exercice.

ART. 82.

Règles et formalités pour l'expédition des mandats.

Les mandats de payement émis en vertu des ordonnances de délégation mentionnent, indépendamment de l'exercice, les chapitres et articles de la nomenclature générale des dépenses auxquels ils se rapportent, et de plus, s'il y a lieu, les autres subdivisions de ladite nomenclature.

(*Art. 11 du décret du 31 mai 1862.*)

Ces mandats (*modèles nos 18 et 19*) sont datés et chacun d'eux porte un numéro d'ordre. La série des numéros d'ordre est unique par exercice, pour tous les mandats émanés d'un ordonnateur secondaire d'une même circonscription.

Les ordonnateurs secondaires dont la circonscription comprend plusieurs départements, et qui délivrent des mandats sur différents comptables, doivent avoir, en outre, des séries spéciales de numéros pour les mandats payables dans chaque département.

ART. 83.

Remise des mandats aux ayants droit.

Les ordonnateurs secondaires demeurent chargés, sous leur responsabilité, de la remise aux ayants droit des mandats qu'ils délivrent sur les caisses des postes et des télégraphes.

(*Art. 86 du décret du 31 mai 1862.*)

Ils ne doivent opérer ou autoriser la remise d'aucun de leurs mandats qu'après avoir reconnu l'individualité des ayants droit ou la régularité des pouvoirs de leurs représentants. Ils doivent aussi exiger des uns ou des autres des récépissés mentionnant leur résidence, afin de pouvoir justifier, au besoin, de la direction donnée aux mandats.

ART. 84.

Bordereaux journaliers d'émission de mandats.

Les ordonnateurs secondaires sont tenus d'adresser, chaque soir, aux comptables, des bordereaux, par exercice, conformes au *modèle n° 20*, des mandats qu'ils ont délivrés sur leurs caisses dans la journée.

Les mandats ne doivent être remis aux parties prenantes qu'après avoir été visés par les comptables.

Ceux-ci font annotation des payements, par leur date, sur les bordereaux d'émission de mandats.

ART. 85.

Communication des mandats aux comptables chargés de les acquitter.

Tous les mandats, sans distinction de lieu d'assignation de payement, sont communiqués aux comptables qui devront les acquitter, par les ordonnateurs secondaires, avec le bordereau d'émission portant l'indication du nombre des mandats communiqués. Les comptables, en renvoyant ces mandats, revêtus de leur visa, aux ordonnateurs chargés d'en assurer la remise aux ayants droit, y joignent le bordereau d'émission, au bas duquel les ordonnateurs constatent le renvoi des mandats, et qu'ils font parvenir de nouveau aux comptables.

(*Art. 85 du décret du 31 mai 1862.*)

(*Décret du 1er mai 1867.*)

ART. 86.

Désignation des titulaires de créances.

Les ordonnances de payement et les mandats doivent désigner le titulaire de la créance par son nom, et, au besoin, par ses prénoms, si sa qualité, qui doit aussi être énoncée, ne suffit pas pour faire reconnaître l'individualité.

ART. 87.

Bordereau nominatif des créanciers.

Les ordonnances de payement sont individuelles ou collectives. Quand le nombre des créanciers au profit desquels doit être délivrée une ordonnance collective ne permet pas que le nom de chacun d'eux soit indiqué dans le corps même de l'ordonnance, il y est suppléé au moyen d'un bordereau nominatif dûment arrêté par le liquidateur de la dépense. La date et le montant de ce bordereau sont énoncés dans l'ordonnance à laquelle il se rapporte.

Cette disposition s'applique également aux mandats des ordonnateurs secondaires.

ART. 88.

Perte d'un extrait d'ordonnance ou d'un mandat.

En cas de perte d'un extrait d'ordonnance de payement ou d'un mandat, il en est délivré un duplicata sur la déclaration motivée de la partie intéressée, et d'après l'attestation écrite du comptable chargé du payement, portant que l'ordonnance ou le mandat n'a été acquitté ni par lui, ni pour son compte, et sur son visa, par aucun autre comptable concourant au service des payements.

Des copies certifiées de la déclaration de perte et de l'attestation de non-payement sont remises par le comptable à l'ordonnateur, qui les garde pour sa justification. Les originaux sont joints au payement.

ART. 89.

Justification des ordonnances et des mandats.

Toute ordonnance et tout mandat de payement doivent, pour être payés à l'une des caisses du Trésor ainsi qu'à celles des postes et des télégraphes, être appuyés des pièces qui constatent que leur effet est d'acquitter en tout ou en partie une dette de l'État régulièrement justifiée.

(*Art. 87 du décret du 31 mai 1862.*)

ART. 90.

Indication résumée des pièces justificatives des dépenses.

Les pièces justificatives des dépenses sont déterminées par nature de service et d'après les bases suivantes, dans la nomenclature annexée au présent règlement, savoir :

Pour les dépenses du personnel.

Traitements, suppléments de traitements, remises et taxations, vacations, salaires, indemnités et secours.	États d'effectif, ou états nominatifs, ou décomptes de liquidation, énonçant : Le grade ou l'emploi, La position de présence ou d'absence, Le service fait, La durée du service, La somme due en vertu des lois, règlements et décisions.

Pour les dépenses du matériel.

Achats et loyers d'immeubles et d'effets mobiliers; Achats de denrées et matières; Travaux de construction, d'entretien et de réparation de bâtiments, de routes, ponts, fossés, etc.; Travaux de confection, d'entretien et de réparation d'effets mobiliers.	1° Copies ou extraits dûment certifiés des décrets ou décisions ministérielles, des contrats de vente, soumissions et procès-verbaux d'adjudication, des baux, conventions ou marchés; 2° Décomptes de livraison, de règlement et de liquidation, énonçant le service fait et la somme due pour acompte ou pour solde.

(*Art. 88 du décret du 31 mai 1862.*)

ART. 91.

Mention des pièces justificatives.

Toute ordonnance et tout mandat de payement doivent indiquer le nombre et la nature des pièces justificatives qui s'y trouvent jointes.

ART. 92.

Bordereau énumératif des pièces justificatives.

Lorsque plusieurs pièces justificatives de dépenses sont produites à l'appui d'une ordonnance ou d'un mandat, elles doivent être accompagnées d'un bordereau énumératif, à moins que ces pièces ne soient énumérées dans l'ordonnance ou dans le mandat même.

ART. 93.

Direction à donner aux pièces justificatives.

Les pièces justificatives des dépenses ordonnancées directement par le Ministre sont jointes aux ordonnances mêmes par le service de la comptabilité du ministère. Les ordonnateurs secondaires annexent les pièces justificatives des dépenses mandatées par eux aux bordereaux d'émission de mandats qu'ils adressent périodiquement aux comptables des postes et des télégraphes.

Ces diverses pièces sont retenues par les agents du payement, qui doivent procéder immédiatement à leur vérification, et en suivre, lorsqu'il y a lieu, la régularisation près des ordonnateurs.

(*Art. 85 du décret du 31 mai 1862.*)

ART. 94.

Pièces justificatives des créances non ordonnancées en fin d'exercice.

Sont conservées au ministère des postes et des télégraphes ou par les ordonnateurs secondaires les pièces justificatives des créances qui, par l'effet d'une cause quelconque, n'ont pu être l'objet d'une ordonnance ou d'un mandat de payement dans le délai fixé par l'article 112 ci-après.

Ces pièces ne sont produites aux comptables qu'avec les ordonnances ou mandats délivrés ultérieurement au titre des exercices clos.

ART. 95.

Spécialité des justifications selon la nature des payements.

Les ordonnances et mandats ont pour objet des payements pour *dépense intégrale*, des payements *d'avances*, *d'acomptes* et pour *solde*.

Chaque nature d'ordonnance ou de mandat est assujettie, selon l'objet du payement, à des justifications particulières.

ART. 96.

Ordonnances et mandats pour payement intégral ou pour solde.

Les ordonnances et mandats délivrés pour le *payement intégral* d'un service fait doivent toujours être accompagnés de toutes les pièces justificatives qui établissent le droit du créancier de l'État. La même justification doit appuyer les ordonnances et mandats ayant pour objet un *payement pour solde*.

ART. 97.

Ordonnances et mandats pour payements d'avances.

Les ordonnances et mandats délivrés pour un service *à faire* donnent lieu aux payements *d'avances*.

Des avances peuvent être faites : pour frais de route et de tournées, aux agents de l'administration chargés de missions spéciales; et pour les services régis *par économie*, dans la limite fixée par l'article 120 ci-après, aux agents intermédiaires des services de cette nature, qui sont désignés en l'article 121. Dans ce dernier cas, la justification de l'emploi des fonds s'opère conformément à l'article 122; elle est déterminée, pour les autres avances, par la nomenclature annexée au présent règlement.

ART. 98.

Ordonnances et mandats pour payements d'acomptes.

Les ordonnances et mandats délivrés pour un service *en cours d'exécution* donnent lieu aux payements *d'acomptes*.

Aucun marché, aucune convention pour travaux et fournitures, ne doit stipuler d'acomptes que pour un service fait.

Les acomptes ne doivent pas excéder les cinq sixièmes des droits constatés par pièces régulières présentant le décompte du service fait (*modèle n° 21*), à moins que des règlements spéciaux n'aient exceptionnellement déterminé une autre limite.

(*Art. 13 du décret du 31 mai 1862.*)

ART. 99.

Mode de justification des divers acomptes et du payement pour solde.

Lorsqu'une dépense donne lieu à la délivrance de plusieurs ordonnances ou mandats d'acompte, il faut distinguer, pour les justifications à produire, si les dépenses résultent ou non de marchés. A l'appui de la première ordonnance ou du premier mandat d'acompte, on produit, avec le décompte portant liquidation du service fait, savoir : pour les dépenses provenant de marchés, des extraits certifiés des conventions et le certificat de réalisation du cautionnement; pour les autres natures de dépenses, les pièces qui ont créé ou autorisé le service, telles que baux, contrats, jugements, décisions ministérielles ou administratives. A l'égard des acomptes subséquents, il suffit, dans l'un et l'autre cas, d'annexer aux ordonnances ou aux mandats le nouveau décompte du service fait, de rappeler les justifications déjà fournies, ainsi que le montant détaillé des acomptes payés, et de faire mention des dates et numéros des ordonnances ou mandats antérieurs.

Quant au payement *pour solde,* il doit être, en cas de marché, appuyé du procès-verbal de réception définitive des travaux ou fournitures, et du décompte général de l'entreprise, et accompagné de la remise des expéditions de toutes les pièces du marché demeurées entre les mains de l'entrepreneur.

ART. 100.

Rappel des retenues de garantie dans les décomptes.

Jusqu'à l'époque fixée par les marchés pour qu'il soit dressé procès-verbal de réception définitive des travaux, les décomptes de liquidation établis pour constater le droit de l'entrepreneur du service au payement des acomptes qui lui sont accordés doivent rappeler la retenue exercée sur le prix des travaux, en garantie de leur qualité et de leur bonne exécution.

ART. 101.

Solde d'un service exécuté en plusieurs années.

Quand l'exécution d'un même travail ou d'une même fourniture a eu lieu en plusieurs années, le liquidateur du solde de la dépense exige pour la justification des droits du créancier, indépendamment du procès-verbal de réception définitive, une copie du décompte général et détaillé de l'entreprise, certifiée par l'agent administratif qui l'a dirigée et surveillée.

ART. 102.

Acompte ou solde à payer par une caisse autre que celle qui a payé les premiers acomptes.

Lorsque, en raison de circonstances particulières, des payements pour acompte ou pour solde sur un service ou sur une créance sont assignés sur une caisse autre que celle où les précédents acomptes auraient été acquittés, l'ordonnateur adresse aux comptables qui ont payé ces acomptes un bulletin (*modèle n° 22*) faisant connaître le lieu où doit s'effectuer le payement de l'acompte ou du solde, ainsi que le numéro et la date de l'ordonnance ou du mandat délivré et à l'appui duquel se trouvent annexées les pièces justificatives de la dépense. Ce bulletin estdestiné à être joint à la dernière ordonnance ou au dernier mandat d'acompte payé à chaque caisse.

De son côté, le comptable chargé des payements subséquents reçoit pour le même emploi, avec la première ordonnance ou le premier mandat indiqué sur sa caisse, un bulletin semblable contenant les indications relatives aux payements antérieurs, et, en outre, pour la garantie de sa responsabilité personnelle, un certificat de non-opposition sur le titulaire de la créance, ledit certificat délivré par chacun des comptables ayant participé à ces payements.

ART. 103.

Solde à payer après la clôture de l'exercice.

Si, à défaut de crédit ou par tout autre empêchement, une dépense ne peut être complètement soldée sur un exercice, et doit par conséquent figurer parmi les restes à payer, toutes les pièces justificatives de cette dépense ne doivent pas moins être adressées, avant la clôture de l'exercice, au comptable qui a payé des acomptes, pour qu'il les rattache au dernier payement.

Si les pièces se trouvaient jointes à une ordonnance ou à un mandat qui est ensuite annulé, elles sont retenues par le comptable, pour être pareillement rattachées au dernier payement d'acompte.

Dans l'un et l'autre cas, il est fait mention de la direction donnée à ces pièces sur l'ordonnance de solde à délivrer ultérieurement au titre des exercices clos.

ART. 104.

Excédent des acomptes sur la dépense définitive.

Dans le cas où, par suite d'erreur ou de circonstances imprévues, les acomptes excèdent le montant d'une créance définitivement liquidée, les pièces justificatives de la dépense doivent être, sur la demande de l'ordonnateur des acomptes et par les soins du comptable, rattachées à la dernière ordonnance ou au dernier mandat dont le numéro et la date sont indiqués sur le bordereau renfermant lesdites pièces.

Quant aux sommes payées en trop, le reversement en est effectué ou poursuivi conformément aux articles 127 et 128 du présent règlement, et il en est justifié d'après le mode indiqué au premier de ces articles.

ART. 105.

Décompte de liquidation des entreprises abandonnées ou continuées en régie.

Lorsqu'une entreprise est résiliée, abandonnée ou continuée en régie, et qu'il n'y a pas lieu de payer un solde à l'entrepreneur, l'ordonnateur doit remettre au comptable payeur, aussitôt après le règlement définitif des travaux, un décompte établissant la liquidation de l'entreprise.

ART. 106.

Mode d'ordonnancement des dépenses du personnel.

Les ordonnances et mandats de payement délivrés pour les dépenses du personnel comprennent le montant *brut* des traitements, remises, salaires et autres émoluments payables aux fonctionnaires et agents administratifs ou comptables du département des postes et des télégraphes. Les diverses retenues dévolues au Trésor public sur ces allocations y sont présent es distinctement, comme dans les décomptes de liquidation (art. 54), et elles entrent dans le montant de la dépense ordonnancée ou mandatée.

ART. 107.

Déclaration à faire par les titulaires de plusieurs emplois.

Tout fonctionnaire ou employé qui jouit de plusieurs traitements à la charge de différents services est tenu d'en faire la déclaration aux ordonnateurs respectifs.

Les ordonnances et mandats expédiés au nom d'un titulaire de plusieurs emplois sont libellés de manière à donner au comptable payeur et à la Cour des comptes les moyens d'apprécier, sous tous les rapports, la position de la partie prenante, en ce qui concerne les dispositions des lois et règlements sur le cumul.

ART. 108.

Remboursement de cessions et avances faites par d'autres ministères.

Le Ministre ordonnance, au profit du Trésor, sur les crédits de son budget, les prix de cession ou de loyer de tous les objets qui sont mis à sa disposition pour les services de son département par les autres ministères. Toutefois, à l'égard des objets dont le prix d'achat a été payé sur les crédits d'un exercice encore ouvert, les ordonnances sont délivrées au profit du ministère qui a fait la cession.

Le remboursement des avances que les autres ministères font au département des postes et des télégraphes est également l'objet d'ordonnances délivrées à leur profit par le Ministre de ce département. Lorsque le rétablissement des avances remboursées ne peut plus avoir lieu au crédit du ministère créancier, les ordonnances de remboursement sont délivrées au profit du Trésor, et il est fait recette de leur montant aux produits divers du budget de l'exercice courant.

(Art. 49 et 50 du décret du 31 mai 1862.)

ART. 109.

Remise des ordonnances à la direction du mouvement général des fonds.

Les ordonnances, revêtues de la signature du Ministre, sont transmises par le service de la comptabilité au ministère des finances (*Direction du mouvement général des fonds*), chargé de vérifier si elles ne dépassent pas les crédits régulièrement ouverts, et de prendre les mesures nécessaires pour en assurer le payement dans les lieux où il est assigné.

Cette direction, en adressant tous les dix jours aux trésoriers-payeurs généraux du Trésor ses feuilles d'autorisation de payement, leur transmet les extraits ou avis spéciaux des ordonnances qui peuvent être délivrées sur leurs caisses, extraits dont il a été fait mention en l'article 72 ci-dessus; elle y joint, pour les ordonnances de payement, les pièces justificatives à l'appui.

Elle remet à la direction générale de la comptabilité publique les ordonnances délivrées sur les caisses des receveurs des postes et des télégraphes.

Les ordonnances payables à Paris sont remises tous les jours, avec les pièces à l'appui, au caissier-payeur central du Trésor par la direction du mouvement général des fonds.

ART. 110.

Annulation d'ordonnance ministérielle.

Lorsque, pour quelque cause que ce soit, il y a lieu, dans le cours d'un exercice, d'annuler, en tout ou en partie, une ordonnance de délégation ou de payement, des bordereaux d'annulation sont dressés à cet effet par le service de la comptabilité, dans la forme des *modèles nos 23 et 24*. Aucune ordonnance ou portion d'ordonnance ne doit être considérée comme définitivement annulée qu'autant que l'annulation a fait l'objet de bordereaux de cette nature.

Des extraits de ces bordereaux (*modèle n° 25*) sont adressés, en ce qui les concerne, aux divisions administratives qui ont provoqué la délivrance des ordonnances, ainsi qu'aux ordonnateurs secondaires délégataires des crédits annulés.

ART. 111.

Notification des annulations d'ordonnances.

Les bordereaux d'annulation mentionnés en l'article précédent sont adressés à la direction du mouvement général des fonds, qui informe les trésoriers-payeurs généraux des annulations portant sur les ordonnances payables à leurs caisses; et si l'ordonnance de payement annulée avait pour objet une dépense intégrale, les pièces relatives à cette dépense sont immédiatement renvoyées par le trésorier-payeur général à la direction du mouvement général des fonds, qui les remet à l'ordonnateur.

ART. 112.

Clôture de l'ordonnancement des dépenses.

Toutes les dépenses d'un exercice doivent être ordonnancées et mandatées dans les sept mois qui suivent l'expiration de l'année de cet exercice.

(*Art. 116 du décret du 31 mai 1862.*)

TITRE V.

DU PAYEMENT DES DÉPESNES.

ART. 113.

Conditions de réalisation des payements.

Aucun payement ne peut être effectué qu'au véritable créancier justifiant de ses droits et pour l'acquittement d'un service fait, sauf dans les cas exceptionnels spécifiés en l'article 97 ci-dessus.

(*Art. 10 du décret du 31 mai 1862.*)

ART. 114.

Agents du service des payements.

Des comptables responsables sont préposés à la réalisation des payements.
(*Art. 14 du décret du 31 mai 1862.*)

Incompatibilité de leurs fonctions avec celles d'ordonnateur.

Les fonctions de comptable sont incompatibles avec celles d'ordonnateur et d'administrateur.
(*Art. 17 du décret du 31 mai 1862.*)

ART. 115.

Comptables chargés du payement des dépenses des postes et des télégraphes.

Toute ordonnance et tout mandat de payement qui n'excèdent pas la limite du crédit sur lequel ils doivent être imputés sont payables par les agents du Trésor public, dans les délais et dans les lieux déterminés par l'ordonnateur.
(*Art. 90 du décret du 31 mai 1862.*)

Toutefois, le payement des ordonnances et mandats relatifs aux frais de régie, de perception et d'exploitation peut être effectué dans chaque département par le receveur principal des postes et des télégraphes.
(*Art. 308 du décret du 31 mai 1862.*)

Par exception, les dépenses du matériel résultant d'adjudications ou marchés passés directement par l'administration centrale sont ordonnancées sur la caisse centrale du Trésor public ou sur celle des trésoriers généraux.

Les payements assignés sur la caisse des trésoriers généraux et des receveurs principaux des postes et des télégraphes peuvent être effectués, pour leur compte, par tous les comptables du Trésor et par tous les receveurs des postes et des télégraphes du département.

ART. 116.

Comptables chargés du payement des dépenses pour le compte des trésoriers-payeurs et des receveurs principaux.

Ces payements ne peuvent être valablement opérés que sur la présentation, soit d'extraits d'ordonnances, de lettres d'avis ou de mandats délivrés au nom des créanciers, soit de toute autre pièce en tenant lieu, et revêtus du *vu bon à payer* apposé par le trésorier-payeur général ou par le receveur principal : ce visa ne doit jamais être conditionnel.
(*Art. 354 et 355 du décret du 31 mai 1862.*)

Le comptable qui a acquitté une ordonnance ou un mandat pour le compte du receveur principal est tenu de le déclarer sur l'extrait d'ordonnance ou sur le mandat par une mention indiquant sa résidence et sa qualité.

ART. 117.

Délai pour le payement des ordonnances et des mandats.

Les extraits des ordonnances ministérielles de payement et les mandats des ordonnateurs secondaires déterminent le délai avant l'expiration duquel les titulaires ne peuvent se présenter aux caisses des comptables chargés de l'acquittement.

(*Art. 90 du décret du 31 mai 1862.*)

Ce délai, fixé originairement à trente jours (1), à partir de la date des ordonnances ou mandats, peut, selon les circonstances et dans l'intérêt du service, être réduit par le Ministre et, sur son autorisation, par l'ordonnateur secondaire.

Dans aucun cas, le comptable ne peut être tenu d'acquitter les ordonnances de payement qui n'auraient pas au moins dix jours de date, ni les mandats délivrés depuis moins de cinq jours.

La présente disposition n'est pas applicable aux dépenses qui ont un caractère d'urgence évident.

ART. 118.

Lieu d'assignation du payement.

Les caisses où les dépenses doivent être payées sont également indiquées sur les extraits d'ordonnance et sur les mandats.

(*Art. 90 du décret du 31 mai 1862.*)

A moins de circonstances particulières dont le Ministre se réserve l'appréciation, les payements doivent toujours être assignés, lorsqu'il s'agit de dépenses du matériel, sur une caisse du département où le service a été exécuté. Dans le cas d'une entreprise, ils peuvent être effectués sur le point où est établi le siège principal de cette entreprise.

ART. 119.

Changement d'assignation du lieu de payement.

Lorsque le titulaire d'une ordonnance ou d'un mandat demande que le payement en soit réassigné sur une autre caisse, il doit produire à l'ordonnateur :

1° L'extrait d'ordonnance ou le mandat, et, en cas de perte, le certificat de non-payement prévu par l'article 88 du présent règlement;

2° Un certificat spécial constatant qu'il n'existe pas d'opposition contre lui à la caisse où le payement avait été primitivement assigné.

Ce dernier certificat doit être également produit en cas de demande de payement, pour un service du matériel, sur une caisse autre que celle où de précédents payements auraient eu lieu pour le même service.

L'extrait d'ordonnance de virement à délivrer par le comptable sur la caisse duquel la créance a été primitivement ordonnancée doit relater que, depuis la délivrance du certificat spécial, il n'est pas survenu d'opposition.

Toute demande de réassignation d'ordonnance ministérielle, ayant pour objet d'en faire transporter le payement d'un département dans un autre, doit être notifiée au ministère des finances (*direction du mouvement général des fonds*). (*Modèle n° 26.*)

---

(1) Arrêté du Gouvernement du 16 fructidor an XI.

ART. 120.

Avances aux agents spéciaux des services régis par économie.

Pour faciliter l'exploitation des services administratifs régis par économie, il peut être fait aux agents spéciaux de ces services, sur les ordonnances du Ministre ou sur les mandats des ordonnateurs secondaires, des avances dont le montant total ne doit pas excéder 20,000 francs, à la charge par eux de produire, dans le délai *d'un mois*, au comptable qui a fait l'avance, les quittances des créanciers réels et autres pièces justificatives.

Aucune nouvelle avance ne peut, dans cette limite de 20,000 francs, être faite par un comptable, pour un service régi par économie, qu'autant que toutes les pièces justificatives de l'avance précédente lui auraient été fournies, ou que la portion de cette avance dont il resterait à justifier aurait moins d'un mois de date.

Toutefois, pour les services qui s'exécutent en Algérie ou à l'étranger, le chiffre des avances et le délai dans lequel leur justification doit être fournie aux payeurs peuvent excéder la limite réglementaire, en vertu de dispositions ministérielles spéciales, sans néanmoins que, pour l'Algérie, le montant de l'avance puisse excéder 35,000 francs, ni le délai dépasser quarante-cinq jours.

(*Art. 94 du décret du 31 mai 1862.*)

ART. 121.

Désignation des services régis par économie.

Les services régis par voie d'économie, et pour lesquels il peut être fait des avances à des agents spéciaux et intermédiaires, aux termes de l'article 120 ci-dessus, sont les suivants :

A l'administration centrale, les menues dépenses du service intérieur du ministère et de la fabrication des timbres-poste;

Dans les départements, les ateliers de construction et d'entretien des lignes télégraphiques, et généralement tous travaux non exécutés par des entrepreneurs.

ART. 122.

Mode de justification des avances pour services régis par économie.

Les agents spéciaux des services régis par économie forment des bordereaux, en double expédition (*modèle n° 27*), des pièces et quittances fournies par les parties prenantes, en y joignant, s'il y a lieu, le récépissé du reversement de la somme non employée ou non justifiée. Ils soumettent ces bordereaux à la vérification et au visa de l'ordonnateur des avances, et les produisent ensuite, avec les pièces à l'appui, aux comptables, qui leur remettent une expédition desdits bordereaux, après l'avoir revêtue de leur déclaration de réception.

Lorsque les pièces produites en justification d'une avance représentent une somme supérieure au montant de cette avance, l'excédent est reporté sur la justification de l'avance subséquente. En fin d'année ou de gestion, la balance doit s'établir exactement.

Toute avance ou portion d'avance faite pour un service régi par économie, dont l'emploi ne serait pas justifié à l'expiration du délai fixé par l'article 120 ci-dessus, doit être reversée immédiatement dans une caisse publique, suivant les formes déterminées par l'article 127 ci-après. Ce reversement donne lieu à un rétablissement de pareille somme au crédit du budget, conformément à l'article 22 ci-dessus.

ART. 123.

Imputation de ces avances.

Les ordonnances et mandats délivrés au nom des agents spéciaux des services régis par économie s'imputent immédiatement sur les crédits affectés aux dépenses que chaque ordonnance ou mandat concerne, et les payements effectués sont portés dans les écritures des comptables, au moment de leur réalisation, parmi les dépenses définitives desdits services, sauf la production ultérieure du compte de l'emploi des fonds, appuyé des pièces justificatives, ainsi qu'il est prescrit par l'article précédent.

ART. 124.

Timbre des pièces justificatives des dépenses.

Toutes les fois que le timbre est exigible, d'après les lois et règlements, pour les justifications relatives au payement des dépenses de l'État, il est à la charge des créanciers (1). La nomenclature des pièces à produire aux comptables spécifie celles de ces pièces qui doivent être revêtues de la formalité du timbre.

ART. 125.

Réalisation préalable de cautionnement.

Il ne peut être fait aucun payement aux entrepreneurs ou fournisseurs assujettis à un cautionnement, avant qu'ils aient justifié de la réalisation de ce cautionnement.

ART. 126.

Refus de payement par un comptable.

Les agents de la dépense ne peuvent suspendre un payement assigné sur leur caisse que s'ils reconnaissent qu'il y a omission ou irrégularité matérielle dans les pièces produites, ou dans les cas spécifiés au dernier paragraphe du présent article.

Il y a irrégularité matérielle toutes les fois que les indications de noms, de service ou de sommes portées dans l'ordonnance ou le mandat ne sont pas d'accord avec celles qui résultent des pièces justificatives y annexées, ou lorsque ces pièces ne sont pas conformes aux prescriptions des règlements.

En cas de refus de payement, le comptable est tenu de remettre immédiatement la déclaration écrite et motivée de son refus au porteur de l'ordonnance ou du mandat, et il en adresse copie le jour même au Ministre des

(1) Loi du 13 brumaire an VII, article 29 : « Le timbre des quittances fournies à l'État ou « délivrées en son nom est à la charge des particuliers qui les donnent ou les reçoivent; il en est « de même pour tous autres actes entre l'État et les citoyens. »

finances (*Direction générale de la comptabilité publique*). Si, malgré cette déclaration, le Ministre des postes et des télégraphes ou l'ordonnateur secondaire requiert par écrit, et sous sa responsabilité, qu'il soit passé outre au payement, le comptable y procède sans autre délai, et il annexe au mandat, avec une copie de sa déclaration, l'original de l'acte de réquisition qu'il a reçu; il est tenu d'en rendre compte immédiatement au Ministre des finances (*même direction*). L'ordonnateur secondaire, de son côté, informe sur-le-champ le Ministre des postes et des télégraphes des circonstances et des motifs qui ont déterminé la réquisition.

S'il se produisait des réquisitions qui eussent pour effet, soit de faire acquitter une dépense sans qu'il y eût disponibilité de crédit chez le comptable ou justification du service fait, soit de faire effectuer un payement suspendu pour des motifs touchant à la validité de la quittance, le comptable, avant d'y obtempérer, devrait en référer au Ministre des finances.

(*Art. 91 du décret du 31 mai 1862.*)

ART. 127.

Reversement de trop-payé sur ordonnance ou mandat.

Les reversements de fonds provenant, soit de restitution pour cause de trop-payé à des créanciers de l'État, soit de remboursement d'avances concernant des services régis par économie, sont effectués d'office ou en vertu d'un ordre de reversement dressé dans la forme du *modèle n° 28*. Ils sont suivis à la diligence des liquidateurs ou ordonnateurs des dépenses.

Ces reversements ont lieu à la caisse centrale du Trésor public, à Paris, et aux caisses des trésoriers généraux et des receveurs particuliers des finances, dans les départements.

Le débiteur est tenu de rapporter, pour sa décharge, un récépissé à talon de la somme par lui versée, lequel doit être adressé au service de la comptabilité, pour l'annulation, s'il y a lieu, en tout ou en partie, de l'ordonnance ou du mandat acquitté.

ART. 128.

Refus de reversement, constatation et poursuite de débet.

En cas de refus de reversement de la part des débiteurs, il est statué par le Ministre, sur la proposition des chefs des services administratifs, et l'arrêté qui constate le débet est adressé au ministère des finances pour l'enregistrement du débet et la transmission de l'arrêté à la direction du contentieux des finances, qui fait poursuivre le recouvrement par l'agent judiciaire du Trésor.

ART. 129.

Avance non justifiée à la clôture d'un exercice.

Toute avance qui resterait à justifier lors de la clôture d'un exercice constitue une créance de l'État, dont le recouvrement est susceptible d'être poursuivi par l'agent judiciaire du Trésor, conformément à l'article précédent.

ART. 130.

Changement d'imputation de payement.

Les imputations de payement reconnues erronées pendant le cours d'une gestion peuvent être rectifiées dans le compte même du comptable qui a effectué le payement, au moyen d'un certificat de l'ordonnateur indiquant les motifs de la réimputation.

Après que les comptes des comptables ont été établis, ces changements d'imputation ne peuvent plus être opérés que par voie administrative, à titre de virement de comptes; à cet effet, il est dressé par le service de la comptabilité du ministère des postes et des télégraphes, soit d'office, soit d'après le certificat de réimputation (*modèle n° 29*) qu'il reçoit du chef de service ou de l'ordonnateur secondaire, un état de changement d'imputation, dans la forme du *modèle n° 30*, dont expédition doit être remise au ministère des finances (*Direction générale de la comptabilité publique*), au plus tard le 30 novembre de la seconde année de l'exercice.

(*Art. 48 du décret du 31 mai 1862.*)

Dans l'un et l'autre cas, l'état de changement d'imputation de l'ordonnance est adressé à la direction du mouvement général des fonds, qui rectifie, s'il y a lieu, la situation des crédits.

ART. 131.

Bordereau d'annulation d'ordonnance de payement.

En cas d'annulation de payement, par suite de reversement dans les caisses du Trésor ou de remboursement d'avance dont le montant est à rétablir au crédit du budget, conformément à l'article 22 du présent règlement, un bordereau d'annulation d'ordonnance, dans la forme du *modèle n° 23*, est adressé au ministère des finances (*direction du mouvement général des fonds*) pour la rectification du crédit.

ART. 132.

Versement à la Caisse des dépôts des cautionnements non réclamés dans le délai d'un an.

Les cautionnements dont le remboursement n'a pas été effectué par le Trésor public, faute de productions ou de justifications suffisantes, dans le délai d'un an à compter de la cessation des fonctions du titulaire ou de la réception des fournitures et travaux, peuvent être versés, en capital et intérêts, à la Caisse des dépôts et consignations, à la conservation des droits de qui il appartiendra. Ce versement libère définitivement le Trésor.

(*Art. 144 du décret du 31 mai 1862.*)

ART. 133.

Saisies-arrêts, oppositions et significations.

Toutes saisies-arrêts ou oppositions sur des sommes dues par l'Etat, toutes significations de cession ou transport desdites sommes, et toutes autres ayant pour objet d'en arrêter le payement, doivent être faites entre les mains des comptables sur la caisse desquels les ordonnances et mandats sont délivrés.

Néanmoins à Paris, et pour tous les payements à effectuer à la caisse centrale du Trésor public, elles sont exclusivement faites entre les mains du conservateur des oppositions, au ministère des finances.

Sont considérées comme nulles et non avenues toutes oppositions ou significations faites à toutes autres personnes, sauf en ce qui concerne les cautionnements.

Lesdites saisies-arrêts, oppositions ou significations n'ont d'effet que pendant cinq années, à compter de leur date, si elles n'ont pas été renouvelées dans ce délai, quels que soient d'ailleurs les actes, traités ou jugements intervenus à leur égard. En conséquence, elles sont rayées d'office des registres dans lesquels elles auraient été inscrites.

(*Art. 148 et 149 du décret du 31 mai 1862.*)

Les oppositions sur cautionnements en numéraire peuvent être faites, suivant la qualité des agents, soit aux greffes des tribunaux civils ou de commerce dans le ressort desquels les titulaires exercent ou ont exercé leurs fonctions, soit au Trésor, au bureau des oppositions. Celles qui sont faites aux greffes des tribunaux doivent être notifiées au Trésor, pour valoir sur les intérêts.

Les oppositions à faire sur les cautionnements des titulaires inscrits sans désignation de résidence sur les livres du Trésor doivent être signifiées au bureau des oppositions, à Paris.

(*Art. 150 et 151 du décret du 31 mai 1862.*)

ART. 134.

Bordereaux mensuels des payements.

Dans les dix premiers jours de chaque mois, les comptables des postes et des télégraphes remettent aux différents ordonnateurs secondaires des bordereaux sommaires, par exercice et par chapitres (*modèle n° 31*), des payements qu'ils ont effectués sur leurs mandats pendant le mois précédent, en y comprenant les changements d'imputation opérés sur les payements antérieurs. Si aucun payement n'a été effectué, il doit être produit un bordereau négatif, rappelant le total des sommes payées antérieurement et indiquant les changements d'imputation qui auraient pu avoir lieu pendant le mois.

Les ordonnateurs secondaires, après avoir revêtu ces bordereaux de leur visa, les transmettent immédiatement au ministère des postes et des télégraphes.

(*Art. 297 du décret du 31 mai 1862.*)

ART. 135.

Clôture du payement des ordonnances et mandats.

La clôture des payements est fixée au 31 août de la seconde année de l'exercice. En conséquence, les ordonnances du Ministre et les mandats des ordonnateurs secondaires sont payables jusqu'au 31 dudit mois par les comptables principaux (caissier payeur-central du Trésor, trésoriers généraux et receveurs principaux des postes et des télégraphes) sur la caisse desquels ils ont été délivrés, mais jusqu'au 20 seulement par les comptables subordonnés chargés du payement pour le compte des trésoriers-payeurs généraux.

(*Art. 117 du décret du 31 mai 1862.*)

ART. 136.

Annulation des ordonnances et mandats non payés.

Les ordonnances et mandats non acquittés, faute de réclamation de la part des titulaires, au 31 août de la seconde année d'un exercice sont annulés, sans préjudice des droits des créanciers, et sauf réordonnancement jusqu'au terme de déchéance.

(*Art. 118 du décret du 31 mai 1862.*)

ART. 137.

Bordereaux des restes à payer et renvoi des pièces de dépense.

Lors de la clôture de l'exercice, les comptables adressent au Ministre et aux ordonnateurs secondaires des bordereaux détaillés (*modèle n° 32*) des restes à payer, en y indiquant la nature des créances, les noms des créanciers et la somme due à chacun d'eux.

(*Art. 298 du décret du 31 mai 1862.*)

Les comptables joignent à ces bordereaux les pièces justificatives des dépenses non acquittées, à moins qu'ils n'aient lieu de les retenir pour les rattacher à des acomptes déjà payés, conformément à l'article 103 ci-dessus.

TITRE VI.

DES DÉPENSES DES EXERCICES CLOS ET DES EXERCICES PÉRIMÉS.

ART. 138.

Mode de payement des dépenses après la clôture d'un exercice.

Toute créance qui n'a pas été acquittée sur les crédits de l'exercice auquel elle se rapporte ne peut plus être payée qu'à titre de rappel sur exercice clos, d'après les règles spéciales déterminées par le présent titre, et dans les délais fixés par l'article 149 ci-après.

Les payements à effectuer pour solder les dépenses d'un exercice clos sont ordonnancés, chaque année, sur les fonds de l'exercice courant.

(*Art. 123 du décret du 31 mai 1862.*)

Les ordonnances sont imputées sur un chapitre spécial ouvert sans allocation de fonds, pour mémoire et pour ordre, au budget des dépenses (Ire section), sous le titre de *Dépenses des exercices clos.*

(*Art. 124 du décret du 31 mai 1862.*)

ART. 139.

Créances comprises dans les restes à payer de l'exercice clos.

Les ordonnances délivrées sur l'exercice courant, pour rappels de dépenses d'exercices clos, doivent être renfermées dans la limite des crédits par chapitres qui sont à annuler par la loi de règlement, pour les dépenses restées à payer à la clôture de l'exercice.

Les dépenses que le compte définitif d'un exercice présente comme restant à payer à l'époque de sa clôture, et qui ont été autorisées par des crédits régulièrement ouverts, peuvent être ordonnancées sur les fonds des budgets courants, avant que la loi de règlement de cet exercice ait été votée.

(*Art. 124 et 125 du décret du 31 mai 1862.*)

ART. 140.

Créances constatées après la clôture de l'exercice.

Dans le cas où des créances dûment constatées sur un exercice clos n'auraient pas fait partie des restes à payer arrêtés par le règlement ou compte définitif de cet exercice, il ne peut y être pourvu qu'au moyen de crédits supplémentaires et selon les formes suivantes :

Si les dépenses se rattachent à des chapitres dont les crédits sont annulés pour une somme égale ou supérieure à leur montant, les crédits supplémentaires peuvent être ouverts par des décrets;

S'il s'agit de dépenses excédant les crédits affectés à chaque chapitre, le Ministre attend, pour les ordonnancer, que les suppléments nécessaires aient été accordés par la loi.

Les charges publiques obligatoires dont l'évaluation n'a pu être fixée que provisoirement par le budget, et dont la limite ne devient définitive que par l'exécution même du service, sont l'objet de propositions spéciales dans la loi de règlement, conformément au deuxième paragraphe de l'article 14 du titre Ier.

(*Art. 126 du décret du 31 mai 1862.*)

ART. 141.

Formation et emploi des états nominatifs des créances d'exercices clos.

Au 31 août de chaque année, tout liquidateur des dépenses dresse, pour la partie du service qui le concerne, un état nominatif ou individuel (*modèle n° 33*) des sommes dues à des titulaires de créances dont les droits se rapportent à l'exercice expiré, soit qu'il s'agisse de créances non liquidées qui, à la même époque, n'avaient pas été l'objet d'ordonnances ou de mandats de payement, soit de créances liquidées et ordonnancées ou mandatées, pour lesquelles les ordonnances ou mandats délivrés n'avaient pas été payés à l'époque susindiquée. Ces états sont envoyés au service de la comptabilité du ministère des postes et des télégraphes.

Aussitôt que le compte définitif d'un exercice est arrêté, le même service forme, d'après les états mentionnés au paragraphe précédent, l'état général et nominatif (*modèle n° 34*) des créances non payées à l'époque de la clôture dudit exercice.

Des états supplémentaires sont dressés dans la même forme pour les nouvelles créances qui seraient successivement ajoutées aux restes à payer, en vertu de crédits additionnels ouverts ainsi que l'indique l'article 140 ci-dessus.

Ces états sont transmis en double expédition au ministère des finances (*Direction générale de la comptabilité publique*) : l'une des deux expéditions est déposée à la direction du mouvement général des fonds, pour servir à la vérification prescrite par l'article 142 ci-après; l'autre est transmise à la Cour des comptes.

(*Art. 129 du décret du 31 mai 1862.*)

En cas d'erreur dans un état nominatif concernant la désignation, soit des noms et qualités des créanciers, soit des sommes revenant à chacun d'eux, un avis rectificatif, délivré également en double expédition, pour être joint à l'état nominatif erroné, fait connaître la nature des substitutions ou des changements dont les premières indications ont été reconnues susceptibles.

ART. 142.

Ordonnancement individuel; vérification d'après les états nominatifs.

Les rappels de dépenses des exercices clos imputables sur les budgets courants sont ordonnancés nominativement.

Les ordonnances délivrées ne sont mises en payement qu'après que la direction du mouvement général des fonds a reconnu, au vu des états nominatifs mentionnés en l'article précédent, que les créances ordonnancées s'appliquent à des crédits restés ou mis à la disposition du Ministre des postes et des télégraphes.

(*Art. 130 et 131 du décret du 31 mai 1862.*)

ART. 143.

Allocation du chapitre spécial *Dépenses des exercices clos.*

Lors du règlement de l'exercice qui a reçu l'imputation de dépenses d'exercices clos, une somme égale au montant des payements effectués pendant l'année est inscrite d'office au crédit du chapitre spécial des *Dépenses des exercices clos* et comprise parmi les crédits législatifs.

(*Art. 124 du décret du 31 mai 1862.*)

ART. 144.

Indications spéciales à constater sur les ordonnances et mandats.

Les ordonnances de délégation ou de payement relatives à des dépenses d'exercices clos, ainsi que les mandats délivrés en vertu des ordonnances de délégation, doivent relater le numéro d'ordre donné à chaque créance sur les états nominatifs des restes à payer à la clôture de l'exercice ou sur les états supplémentaires.

Toute ordonnance de payement et tout mandat pour dépense d'exercice clos doivent, en outre, indiquer l'exercice ou l'année à laquelle se rapporte la créance à payer; s'ils comprennent des créances de plusieurs années, les sommes afférentes à chacune d'elles y sont détaillées et totalisées.

ART. 145.

Terme des payements.

Les ordonnances pour dépenses d'exercices clos ne sont, par exception et à raison de la date d'échéance de la prescription quinquennale, valables que jusqu'à la fin de l'année pendant laquelle elles ont été émises. A défaut de payement, l'annulation en a lieu d'office, à cette époque, par les comptables du Trésor et par ceux des postes et des télégraphes, et le réordonnancement des dépenses n'est effectué que sur une nouvelle réclamation des créanciers.

(*Art. 130 du décret du 31 mai 1862.*)

Les crédits de délégation non consommés au 31 décembre de chaque année sont annulés dans la comptabilité des ordonnateurs secondaires, et les mandats délivrés sur ces crédits cessent également d'être payables, à la même époque.

ART. 146.

Bordereau nominatif des payements, état des créances non payées et renvoi des pièces.

A la fin de chaque année, les agents du Trésor et ceux des postes et des télégraphes adressent au Ministre un bordereau nominatif, par exercice et par chapitre, des payements qu'ils ont effectués pendant l'année pour les dépenses d'exercices clos de son département.

(*Art. 132 du décret du 31 mai 1862.*)

Les comptables, en adressant, à la même époque, au Ministre et aux ordonnateurs secondaires l'état des ordonnances et mandats d'exercices clos non acquittés, l'accompagnent du renvoi des pièces justificatives à reproduire, s'il y a lieu, à l'appui d'un nouvel ordonnancement.

ART. 147.

Conservation des états élémentaires des créances d'exercices clos.

Les éléments des états nominatifs des créances des exercices clos, dûment arrêtés et certifiés exacts, sont réunis et conservés par le service de la comptabilité du ministère des postes et des télégraphes.

Ces documents, joints aux relevés annuels des payements (art. 146), forment la justification des divers résultats que doit présenter l'apurement définitif de chaque exercice, et sont la base de la comptabilité spéciale des dépenses qui ont lieu par rappel sur exercices clos.

ART. 148.

Compte d'apurement des dépenses d'exercices clos.

Il est publié chaque année, par le Ministre des postes et des télégraphes, un compte spécial présentant, par chapitre de dépense et pour chacun des exercices clos, en ce qui concerne son département, les crédits annulés par les lois de règlement pour les dépenses restées à payer à la clôture de l'exercice, les nouvelles créances qui auraient fait l'objet de crédits supplémentaires et les payements effectués jusqu'au terme de déchéance.

(*Art. 127 du décret du 31 mai 1862.*)

ART. 149.

Prescription quinquennale; déchéance et annulation des restes à payer.

Sont prescrites et définitivement éteintes au profit de l'État, sans préjudice des déchéances prononcées par les lois ou consenties par les marchés ou conventions, toutes créances qui, n'ayant pas été acquittées avant la clôture des crédits de l'exercice auquel elles appartiennent, n'auraient pu, à défaut de justifications suffisantes, être liquidées, ordonnancées et payées dans un délai de cinq années, à partir de l'ouverture de l'exercice, pour les créanciers domiciliés en Europe, et de six années pour les créanciers résidant hors du territoire européen.

Cette disposition n'est pas applicable aux créances dont l'ordonnancement et le payement n'ont pu être effectués dans les délais déterminés par le fait de l'administration ou par suite de pourvois formés devant le Conseil d'État.

(*Art. 136 et 137 du décret du 31 mai 1862.*)

A l'expiration de la période quinquennale fixée par l'article 9 de la loi du 29 janvier 1831 pour l'entier apurement des exercices clos, les crédits applicables aux créances restant encore à solder demeurent définitivement annulés, et l'exercice, arrivé au terme de déchéance, cesse de figurer dans la comptabilité du ministère.

(*Art. 134 du décret du 31 mai 1862.*)

ART. 150.

Dépenses des *exercices périmés;* crédits spéciaux; états nominatifs.

Les dépenses d'exercices clos à solder postérieurement aux délais ci-dessus, et provenant, soit de créances d'individus résidant hors du territoire européen, pour lesquelles une année de plus est accordée par l'article 9 de la loi du 29 janvier 1831, soit de créances affranchies de la déchéance, dans les cas prévus par l'article 10 de la même loi, ou qui sont soumises à des prescriptions spéciales, ne sont ordonnancées qu'après que des crédits extraordinaires, spéciaux par articles, ont été ouverts à cet effet. Ces créances sont imputées sur un chapitre spécial ouvert au budget des dépenses (Ire section) et intitulé : *Dépenses des exercices périmés non frappées de déchéance.* Si elles n'ont pas été payées à l'époque de la clôture de l'exercice sur lequel le crédit spécial a été ouvert, ce crédit est annulé, et le réordonnancement des mêmes créances ne peut plus avoir lieu qu'en vertu d'un nouveau crédit également applicable au chapitre des dépenses des exercices périmés.

(*Art. 139 du décret du 31 mai 1862.*)

Les crédits extraordinaires spéciaux à demander pour les créances des exercices périmés ne peuvent être ouverts que par la loi.

Il est formé pour les créances des exercices périmés, comme pour celles des exercices clos, des états nominatifs, qui sont remis au ministère des finances (*Direction générale de la comptabilité publique*) en double expédition, l'une pour la Cour des comptes et l'autre pour la direction du mouvement général des fonds, conformément à l'article 141 ci-dessus.

(*Art. 140 du décret du 31 mai 1862.*)

ART. 151.

Formes de la liquidation des dépenses des exercices clos et périmés.

Toutes les dépenses des exercices clos et des exercices périmés sont soumises aux mêmes formalités de liquidation et de revision que celles des exercices courants, et les liquidations sont établies distinctement par exercice; de plus, les rapports relatifs aux créances des exercices périmés doivent toujours faire connaître les causes qui ont empêché d'opérer la liquidation avant l'époque de déchéance.

TITRE VII.

DES ÉCRITURES DE L'ADMINISTRATION CENTRALE ET DES ORDONNATEURS SECONDAIRES.

ART. 152.

Mode d'écritures de la comptabilité centrale.

Les écritures de la comptabilité centrale des dépenses du Ministère des postes et des télégraphes sont suivies par le service de la comptabilité et de l'ordonnancement, et sont tenues en partie double.

Elles embrassent tout ce qui concerne :

La fixation et la répartition des crédits;

Les distributions mensuelles de fonds;

La liquidation, l'ordonnancement et le payement des dépenses.

(*Art. 296 du décret du 31 mai 1862.*)

ART. 153.

Journal général, grand livre, livres auxiliaires et balances.

Il est tenu, par le service de la comptabilité et de l'ordonnancement des dépenses du ministère, un journal général, un grand livre et des livres auxiliaires.

Le grand livre ne présente que des comptes généraux et des résultats sommaires; les développements sont consignés sur les livres auxiliaires, dont le nombre et la forme sont déterminés suivant la nature des services.

Une balance générale des comptes du grand livre, développée par chapitres du budget, d'après les livres auxiliaires, est établie à la fin de chaque mois, et adressée au ministère des finances (*Direction générale de la comptabilité publique*), qui en rattache les résultats à ses propres écritures.

(*Art. 296 du décret du 31 mai 1862.*)

ART. 154.

Enregistrement des crédits, des droits constatés, des ordonnances et mandats et des payements.

Il est passé écriture par le service de la comptabilité et de l'ordonnancement :

1° Des crédits budgétaires, d'après les lois et les décrets portant ouverture et répartition de ces crédits, ainsi que d'après les dispositions législatives ou réglementaires concernant, soit l'emploi de ressources affectées à des dépenses locales, soit la faculté de report de crédits spéciaux d'un exercice à un autre;

2° Des droits des créanciers, sur les pièces et documents émanés des liquidateurs de ces droits;

3° Des ordonnances ministérielles de payement ou de délégation, au vu de ces pièces mêmes, et des mandats des ordonnateurs secondaires, d'après les résultats des écritures de ces fonctionnaires, arrêtées au dernier jour de chaque mois;

4° Des payements effectués sur ordonnances directes et sur mandats des ordonnateurs secondaires, d'après les documents mensuels qui sont transmis au service de la comptabilité par lesdits ordonnateurs et par les agents de la dépense.

ART. 155.

Livres et registres des ordonnateurs secondaires.

Les livres de la comptabilité administrative des ordonnateurs secondaires des dépenses sont au nombre de quatre, indépendamment des carnets de détail et des livres et comptes auxiliaires qu'ils peuvent ouvrir selon les besoins de leurs services respectifs, savoir :

1° Un livre journal des crédits délégués (*modèle n° 35*);

2° Un livre d'enregistrement des droits des créanciers (*modèle n° 36*);

3° Un livre journal des mandats délivrés (*modèle n° 37*);

4° Un livre de comptes par nature de dépense (*modèle n° 38*);

Ces livres sont tenus *par exercice;* les opérations de chaque exercice se cumulent sur les mêmes livres jusqu'à l'époque de clôture.

(*Art. 299 à 301 du décret du 31 mai 1862.*)

Ils sont destinés à recevoir l'enregistrement successif, par créancier, par chapitre et par article, des crédits ouverts, des droits constatés sur les services faits, des mandats délivrés et des payements effectués.

(*Art. 302 du décret du 31 mai 1862.*)

ART. 156.

Livre journal des crédits délégué.

Le livre journal des crédits délégués reçoit l'enregistrement sommaire et en masse du montant des ordonnances ou extraits d'ordonnances, dans l'ordre d'arrivée des lettres d'envoi portant avis de la délégation des crédits.

Cet enregistrement doit avoir lieu exactement dans le journal du mois pendant lequel les ordonnances de délégation ont été délivrées, c'est-à-dire à la date de l'émission des ordonnances, nonobstant celle de la réception des lettres d'avis, sans dépasser toutefois la limite accordée pour compléter, sous ce rapport, les écritures de chaque mois, et qui est fixée au 5 du mois suivant inclusivement.

Les crédits ou portions de crédits dont les ordonnateurs secondaires cessent d'avoir la faculté de disposer, en raison de leur annulation dans les écritures centrales du ministère, sont mentionnés sur le même livre.

ART. 157.

Livre des droits constatés.

Les droits acquis aux créanciers du ministère des postes et des télégraphes sont constatés sur le livre destiné à l'enregistrement de ces droits, aussitôt après que leur fixation est déterminée par le résultat des liquidations, et lors même que la délivrance des mandats de payement devrait être ajournée, soit en raison de l'absence des ayants droit, soit en cas de litige ou pour tout autre motif.

Les ordonnateurs secondaires n'arrêtent le livre des droits constatés qu'après y avoir inscrit chaque mois, sous la date du dernier jour, les droits *personnels* acquis pour ce même mois à tous les titulaires d'emplois de leur service.

ART. 158.

Livre journal des mandats.

Le livre journal des mandats délivrés est consacré à l'enregistrement immédiat et successif, par ordre numérique, de tous les mandats individuels ou collectifs émis par l'ordonnateur secondaire.

ART. 159.

Livre des comptes par nature de dépense.

Le livre des comptes ouverts par nature de dépense est destiné à rapprocher et à présenter sous un seul aspect, pour chaque division de la nomenclature détaillée du budget, les crédits délégués, les mandats délivrés et les payements effectués.

Il est procédé à cet effet, pour les crédits et les mandats, au dépouillement : 1° du livre journal des crédits, appuyé des extraits d'ordonnances et des avis d'annulation; 2° du livre journal des mandats; et quant aux payements, les ordonnateurs secondaires les constatent sur le livre des comptes, à la fin de chaque mois, d'après les relevés des mandats acquittés qu'ils reçoivent des comptables dans les premiers jours du mois suivant, conformément à l'article 134 du présent règlement.

ART. 160.

Situations mensuelles des opérations des ordonnateurs secondaires.

Dans les premiers jours de chaque mois, les ordonnateurs secondaires extraient des livres de la comptabilité administrative de chaque exercice, jusqu'à l'époque de sa clôture, une situation (*modèle n° 39*) arrêtée au dernier jour du mois précédent, sans préjudice du délai accordé par l'article 156 ci-dessus pour terminer l'enregistrement des crédits.

Cette situation, où les opérations du mois sont inscrites distinctement, est le relevé des totaux du livre des comptes ouverts par nature de dépense et de ceux du livre servant à l'enregistrement des droits des créanciers.

Elle présente, par chapitre du budget, et, s'il y a lieu, par articles et paragraphes :

1° Les crédits délégués;

2° Les droits constatés au profit des créanciers;

3° Les mandats délivrés;

4° Les payements effectués.

Avant de certifier l'exactitude de la situation mensuelle, les ordonnateurs secondaires en contrôlent les résultats généraux, en ce qui concerne les crédits et les mandats, à l'aide du livre journal des crédits délégués et du livre journal des mandats délivrés.

(*Art. 303 et 304 du décret du 31 mai 1862.*)

Cette situation doit être accompagnée de l'état des crédits disponibles au 1er du mois sur les ordonnances ministérielles de délégation (*modèle n° 40*).

ART. 161.

Envoi de ces situations au Ministre.

Le 16 de chaque mois, les ordonnateurs secondaires adressent au Ministre la situation établie au dernier jour du mois précédent.

Toute situation et toute autre pièce de comptabilité adressées au Ministre par les ordonnateurs secondaires doivent toujours être accompagnées d'une lettre d'envoi.

ART. 162.

Rectifications d'erreurs dans les livres des ordonnateurs secondaires.

La rectification de toute erreur commise dans l'enregistrement des opérations sur les livres d'un ordonnateur secondaire, et reconnue après l'envoi des situations mensuelles au Ministre, donne lieu à un enregistrement spécial, à la date du jour où l'erreur est reconnue, soit qu'il s'agisse d'une augmentation ou d'une réduction. Cette rectification, considérée comme appartenant au mois pendant lequel elle a été effectuée, s'ajoute aux opérations de ce mois ou s'en déduit, et il n'est procédé dans aucun cas par voie de modification en plus ou en moins du chiffre des enregistrements antérieurs.

ART. 163.

Annulation, dans les écritures, des ordonnances et mandats non payés.

Toute ordonnance et tout mandat non payés sur un exercice au 31 août de la seconde année cessant d'être valables, le montant en est, à cette époque, annulé dans les écritures de la comptabilité des dépenses du ministère et dans celles des ordonnateurs secondaires.

ART. 164.

Constatation complémentaire des droits à la clôture de l'exercice.

Avant d'arrêter les comptes d'un exercice, les divisions administratives du ministère et les liquidateurs et ordonnateurs secondaires des dépenses ont soin de rechercher et de reconnaître les droits qui, pouvant être acquis à des créanciers de leur service, resteraient encore à constater, et qu'il y aurait lieu de comprendre dans le compte définitif de l'exercice arrivé au terme de clôture.

ART. 165.

Situations définitives des ordonnateurs secondaires et documents à l'appui.

Tous les livres de la comptabilité des ordonnateurs secondaires sont arrêtés, pour chaque exercice, au 31 août de l'année qui suit celle dont l'exercice porte la dénomination.

Une situation définitive, extraite de ces livres, dans la même forme que les situations mensuelles (art. 160), est établie à ladite époque. Elle est adressée au ministère, accompagnée : 1° du relevé individuel (*modèle n° 33*) des sommes restant dues ou présumées dues sur l'exercice expiré, d'après le montant net des droits constatés et des payements effectués; 2° de l'état de développement par classes d'emploi (*modèle n° 41*) de la dépense du personnel pour *traitements fixes*, présentant, avec le nombre des agents en activité de service pendant le cours de l'année, le montant net des droits constatés et des payements effectués.

Les résultats de ces deux documents doivent toujours concorder avec ceux de la situation définitive, qu'ils sont destinés à expliquer et à justifier.

(*Art. 305 du décret du 31 mai 1862.*)

ART. 166.

Clôture des écritures.

Les journaux, livres et registres des ordonnateurs secondaires sont clos pour chaque exercice dès que le Ministre a notifié à ces ordonnateurs, chacun en ce qui le concerne, les résultats définitifs de l'emploi des crédits de délégation ouverts sur ledit exercice.

Les écritures du service de la comptabilité des dépenses du ministère sont closes au 30 novembre de la seconde année de l'exercice, époque fixée pour l'apurement des dépenses et pour l'établissement du compte.

TITRE VIII.

DES COMPTES.

ART. 167.

Comptes annuels d'exercices.

Chaque année, le Ministre des postes et des télégraphes, publie pour les dépenses de son département :

1° Le compte définitif de l'exercice expiré;

2° La situation provisoire de l'exercice courant.

(*Art. 152 du décret du 31 mai 1862.*)

ART. 168.

Compte définitif de l'exercice expiré.

Le compte définitif des dépenses du ministère des postes et des télégraphes est établi, pour chaque exercice, à l'époque où les écritures sont closes.

Il comprend l'ensemble des opérations qui ont eu lieu pour chaque service depuis l'ouverture jusqu'à la clôture de l'exercice et présente les mêmes divisions et les mêmes développements que le budget.

Tout crédit ouvert pour un service non prévu au budget forme un chapitre particulier du compte de l'exercice pour lequel ce crédit a été ouvert.

(*Art. 59, 153 et 155 du décret du 31 mai 1862.*)

ART. 169.

Formation du compte définitif et documents à l'appui.

Le compte définitif de chaque exercice fait connaître :

Les crédits ouverts;

Les dépenses constatées ou droits acquis aux créanciers de l'État;

Les payements effectués;

Et les dépenses restant à payer.

(*Art. 114 du décret du 31 mai 1862.*)

Il se compose :

1° D'un état indicatif de l'origine des crédits législatifs, qui récapitule les modifications successivement apportées aux prévisions du budget et détermine les fixations définitives devenues la base du compte de l'exercice;

(*Art. 115 du décret du 31 mai 1862.*)

2° D'un tableau présentant, par chapitres, tous les résultats de la situation définitive de l'exercice expiré, qui servent de base à la loi proposée pour le règlement du budget de cet exercice;

3° De développements, par subdivisions de chapitre, destinés à expliquer, avec tous les détails propres à chaque nature de service, les dépenses constatées, les payements effectués et les créances restant à solder à l'époque de la clôture de l'exercice;

4° D'un tableau comparatif, par chapitres, des dépenses de l'exercice expiré avec celles de l'exercice précédent, expliquant les causes des différences qui ressortent de cette comparaison;

(*Art. 160 du décret du 31 mai 1862.*)

5° Du compte d'apurement que la loi du 23 mai 1834 et l'article 148 du présent règlement prescrivent de dresser.

ART. 170.

Publication du compte définitif.

Le compte définitif des dépenses du département des postes et des télégraphes est joint à la proposition de loi qui a pour objet le règlement du budget général de l'État.

(*Art. 107 et 154 du décret du 31 mai 1862.*)

Il est publié dans les deux premiers mois de l'année qui suit celle de la clôture de l'exercice.

(*Art. 108 du décret du 31 mai 1862.*)

Il forme, avec tous les documents à l'appui, une publication spéciale.

(*Art. 160 du décret du 31 mai 1862.*)

ART. 171.

Situation provisoire de l'exercice courant et documents divers.

La situation provisoire des dépenses de l'exercice courant est arrêtée au 31 décembre de la première année de cet exercice.

Elle est accompagnée des divers documents établis à la même époque et dont les lois ordonnent la publication annuelle, savoir :

1° Compte d'apurement prescrit par la loi du 23 mai 1834 et par l'article 148 du présent règlement, pour les dépenses des exercices clos législativement arrêtés;

(*Art. 160 du décret du 31 mai 1862.*)

2° État sommaire de tous les marchés de 50,000 francs et au-dessus passés dans le courant de l'année échue. Les marchés inférieurs à cette somme, mais qui s'élèveraient ensemble, pour des objets de même nature, à 50,000 francs et au-dessus, sont portés sur le dit état, où se trouvent indiqués le nom et le domicile des parties contractantes, la durée, la nature et les principales conditions du contrat;

(*Art. 185 du décret du 31 mai 1862.*)

3° L'état détaillé des logements accordés dans les bâtiments dépendant du ministère des postes et des télégraphes.

Cet état n'est pas nominatif, mais il indique la fonction ou le titre pour lequel le logement a été accordé.

(*Art. 186 du décret du 31 mai 1862 et art. 27 de la loi du 16 septembre 1871.*)

ART. 172.

Publication de la situation provisoire.

La situation provisoire de l'exercice courant et les documents divers à établir par le département des postes et des télégraphes au 31 décembre de chaque année doivent être publiés pendant le premier trimestre de l'année suivante.

(*Art. 156 du décret du 31 mai 1862.*)

ART. 173.

Les comptes publiés par le Ministre des postes et des télégraphes pour les dépenses de son département sont établis par le service de la comptabilité et de l'ordonnancement, d'après les écritures officielles de la comptabilité centrale des dépenses du ministère, appuyées sur pièces justificatives. Justification et vérification des comptes.

(*Art. 191 du décret du 31 mai 1862.*)

Ils sont soumis à l'examen d'une commission administrative nommée chaque année par décret et composée de neuf membres choisis dans le sein du Sénat, de la Chambre des députés, du Conseil d'État et de la Cour des comptes.

(*Art. 192 et suiv. du décret du 31 mai 1862.*)

TITRE IX.

DES COMPTABLES DES POSTES ET DES TÉLÉGRAPHES.

ART. 174.

Les comptables des postes et des télégraphes sont, en qualité de préposés à la perception des revenus publics, soumis à toutes les obligations énoncées au paragraphe 1er du chapitre XVI du décret du 31 mai 1862, ainsi qu'aux instructions et règlements généraux du ministère des finances, pour ce qui regarde les livres, écritures et contrôles, les mouvements de fonds, les comptes à rendre et la responsabilité des comptables. Comptabilité et comptes des receveurs des postes et des télégraphes.

TITRE X.

DE LA COMPTABILITÉ-MATIÈRES.

ART. 175.

Le matériel de l'administration des postes et des télégraphes comprend le matériel *dit* d'approvisionnement, le matériel posé ou employé, le matériel de rechange et les imprimés de toute espèce. Classement du matériel.

ART. 176.

Le matériel *dit* d'approvisionnement se compose principalement du matériel lourd ou encombrant, tel que poteaux, fils, câbles, isolateurs, vis, ferre- Matériel d'approvisionnement.

ments, outils d'usage courant, sacs à dépêches, boîtes à lettres, voitures et bureaux ambulants, etc. Il est conservé dans le magasin ou dépôt central de Paris et ses annexes, et dans les dépôts régionaux.

ART. 177.

Matériel posé ou employé.

Le matériel posé ou employé comprend les matières et objets dont l'emploi ou l'usage est permanent, placés sur les lignes, dans les bureaux ou entre les mains des divers fonctionnaires ou agents.

ART. 178.

Matériel de rechange.

Le matériel de rechange comprend les matières et objets destinés à l'entretien du matériel posé ou employé, ou à son remplacement.

Il est conservé dans les dépôts régionaux, dans les bureaux de recette et sur les parcours de surveillance.

ART. 179.

Dépôt central.

Le dépôt central est placé sous la direction immédiate de l'administration centrale. Un garde-magasin, agent comptable spécial, tient la comptabilité-matières de l'établissement, et est chargé de la garde et de la conservation du matériel, de sa réception et de son expédition.

Il fournit un cautionnement fixé par décision ministérielle, pour garantie de sa gestion, et est justiciable de la Cour des comptes.

Les dispositions des articles 18, 19 et 20 du décret du 31 mai 1862, concernant les comptables des deniers publics, sont applicables à cet agent.

(*Art. 865 du décret du 31 mai 1862.*)

ART. 180.

Dépôts régionaux.

La comptabilité de chaque dépôt régional est confiée à un employé désigné par le directeur-ingénieur de la région et pris dans ses bureaux.

Il est chargé de tenir les écritures et la comptabilité-matières du dépôt, d'en assurer le bon ordre et de surveiller le classement, la réception et les emballages du matériel.

Il prend le titre de garde-magasin pendant tout le temps qu'il en remplit les fonctions.

Une décision ministérielle désigne les garde-magasins des dépôts régionaux qui sont astreints à fournir un cautionnement.

Les dépôts régionaux sont placés sous le contrôle des directeurs-ingénieurs de la région dans laquelle ils sont situés, et qui demeurent chargés de l'approvisionnement de leur circonscription en matériel et imprimés de toute espèce, sauf l'exception indiquée en l'article 187 ci-après.

ART. 181.

Approvisionnement des dépôts régionaux.

En principe, les dépôts régionaux sont approvisionnés par le dépôt central, du matériel d'approvisionnement et de rechange et des imprimés de toute espèce.

Les dépôts régionaux peuvent cependant, sur l'ordre de l'administration, recevoir directement des fournisseurs le matériel encombrant préparé ou livré dans les départements et dont le transport à Paris occasionnerait des dépenses inutiles.

L'approvisionnement de chaque dépôt régional est fixé, sur la proposition du directeur-ingénieur, d'après les résultats de l'inventaire général du matériel posé ou employé dans la région.

Il est constitué, soit par des achats directs, comme il a été dit ci-dessus, soit par des envois du dépôt central ou d'un autre dépôt régional.

ART. 182.

Époque des envois du dépôt central.

Sauf exception motivée, les envois du dépôt central pour renouveler l'approvisionnement des dépôts régionaux ont lieu une fois par an.

ART. 183.

Demandes annuelles et supplémentaires de matériel.

Les demandes de matériel, qui sont produites tous les ans par les inspecteurs-ingénieurs pour les besoins courants et l'entretien des lignes et bureaux de leurs circonscriptions, celles se rattachant à un travail prescrit ou autorisé par décision spéciale, sont adressées à l'Administration centrale par l'intermédiaire du directeur-ingénieur.

En cas de demandes urgentes, motivées par des faits imprévus ou des circonstances de force majeure, le directeur-ingénieur, après avoir constaté les besoins, fait donner suite par le dépôt régional, et en informe l'administration centrale. Le dépôt central remplit l'office de dépôt régional pour un certain nombre de départements peu éloignés de Paris. Les demandes supplémentaires faites pour le service de ces départements sont transmises par le directeur-ingénieur à l'Administration centrale qui fait donner suite.

ART. 184.

Cession de matériel entre dépôts régionaux.

Toutes les demandes de cession de matériel entre dépôts régionaux doivent être adressées à l'Administration centrale.

ART. 185.

Responsabilité des inspecteurs-ingénieurs et des comptables envers le directeur-ingénieur à raison du matériel fourni.

Les receveurs des postes et des télégraphes adressent directement à l'inspecteur-ingénieur de leur région, aux époques fixées par l'administration, leurs demandes de matériel et d'imprimés nécessaires aux besoins du service postal et télégraphique.

Ces demandes sont, ainsi qu'il a été dit plus haut, transmises à l'administration centrale par le directeur-ingénieur avec celles faites par les inspecteurs-ingénieurs pour les besoins de leur propre service.

Ces fonctionnaires et les comptables ci-dessus indiqués demeurent responsables envers le directeur-ingénieur de l'usage ou de l'emploi qu'ils font des matières ou objets qui leur sont délivrés, ainsi que de la garde et de la conservation du matériel de rechange et des imprimés que le chef du service technique régional laisse en dépôt dans leurs bureaux pour les besoins éventuels du service.

ART. 186.

Approvisionnements de timbres-poste, cartes postales, cartes-télégrammes.

Les approvisionnements de timbres-poste, cartes postales, cartes-télégrammes nécessaires au service des recettes sont, par exception aux règles énoncées ci-dessus, demandées à l'adminisnistration centrale par l'intermédiaire du directeur de l'exploitation départementale, aux époques fixées par l'administration.

L'accusé de réception, émané du receveur principal auquel les envois sont adressés, sert à justifier la sortie des magasins. L'opération matérielle régularisée, ces envois sont pris en charge comme *valeurs* dans les écritures des comptables, et c'est à ce titre qu'il doit dès lors en être justifié.

ART. 187.

Comptabilité du dépôt central. Nomenclature et tarif.

Une nomenclature spéciale détermine la dénomination des matières et objets et l'ordre dans lequel ils doivent être énoncés sur les pièces comptables et sur les livres de comptabilité.

Elle indique, en outre, l'unité qui leur est applicable, en nombre, poids ou mesure et l'évaluation en numéraire de cette unité.

ART. 188.

Conditions de réception du matériel.

Le garde-magasin ne doit recevoir le matériel provenant d'achats ou de fournitures en vertu de marchés que lorsque le matériel a été contrôlé et vérifié par un fonctionnaire délégué à cet effet par le Ministre.

ART. 189.

Entrées et sorties.

Les opérations qui ont pour effet l'augmentation ou la diminution du matériel du dépôt central, par des mouvements extérieurs ou intérieurs, constituent les entrées et les sorties.

Les entrées comprennent :

Les excédents d'inventaire;

Les achats ou fournitures en vertu de marchés;

Les réceptions;

Les changements de classement;

Et en général tout ce qui a pour effet l'augmentation du matériel.

Les sorties comprennent :

Les déficits d'inventaire;
Les pertes ou déchets;
Les expéditions ou livraisons;
Les cessions;
Les remises au domaine;
Les changements de classement;
Et en général tout ce qui a pour effet la diminution du matériel.

ART. 190.

Ordres d'entrée et de sortie.

Aucun mouvement extérieur ou intérieur d'entrée ou de sortie ne peut avoir lieu sans l'ordre ou l'autorisation du Ministre.

Les ordres d'entrée et de sortie, détachés de deux livres à souche tenus à l'administration, sont adressés à l'agent comptable, qui les revêt des formalités nécessaires en ce qui concerne la prise en charge et l'inscription dans les livres de comptabilité.

Ces ordres ainsi revêtus des formalités nécessaires servent et tiennent lieu de pièces comptables d'entrée ou de sortie.

Il n'est permis, en aucun cas, d'en altérer la teneur.

L'agent comptable doit porter sur les ordres d'entrée la valeur en numéraire du matériel, lorsque ce matériel est acheté par ses soins, ou lorsqu'il lui est fourni directement en vertu d'un marché.

ART. 191.

Livres et pièces de comptabilité.

La comptabilité du dépôt central est tenue à l'aide d'un livre journal, de deux états de récapitulation quotidienne, d'un compte trimestriel et d'un compte de gestion et inventaire.

ART. 192.

Journal.

Le livre journal est coté et parafé par un fonctionnaire désigné à cet effet par le Ministre.

Il est destiné à recevoir, jour par jour, l'inscription des ordres d'entrée et de sortie avec toutes les indications portées sur chacun d'eux.

ART. 193.

États de récapitulation quotidienne.

Les états de récapitulation quotidienne reçoivent, pour chaque matière et objet, et en regard de l'article de la nomenclature, savoir : 1° à la fin de chaque jour, la récapitulation, l'un des entrées, l'autre des sorties, effectuées pendant la journée, de manière à présenter sous un seul nombre toutes celles de la même date; 2° à la fin de chaque mois, le total de ces récapitulations quotidiennes.

Chacun de ces états de récapitulation est établi en deux expéditions, dont l'une reste entre les mains de l'agent comptable, et l'autre est adressée à l'administration centrale dans les cinq jours qui suivent l'expiration de chaque mois.

ART. 194.

Compte trimestriel.

Le compte trimestriel reçoit, en regard de chaque article de la nomenclature, le report des entrées et des sorties de chaque mois du trimestre totalisées sur les états de récapitulation. Chaque compte trimestriel présente en outre l'existant en magasin au premier jour de l'année, le total des entrées et des sorties des trimestres antérieurs, le total des entrées depuis le premier jour de l'année, le total général de l'existant et des entrées, le total général des sorties de l'année et le reste au dernier jour du trimestre.

Ce compte est tenu en deux expéditions dont une reste entre les mains de l'agent comptable, et dont l'autre est adressée à l'administration dans les dix jours qui suivent l'expiration du trimestre, avec les ordres d'entrée et de sortie.

ART. 195.

Compte de gestion et inventaire.

Le compte de gestion et inventaire est établi à la fin de chaque année.

Il donne, pour chaque matière et objet de la nomenclature, l'existant en magasin au premier jour de l'année, les entrées et les sorties de l'année, et l'existant en magasin au 31 décembre, lequel doit présenter les mêmes quantités que celles reconnues à l'inventaire de fin d'année, auquel il est procédé par l'agent comptable, en présence d'un fonctionnaire délégué à cet effet par le Ministre.

L'agent comptable applique, pour chaque matière et objet, à l'existant en magasin au 31 décembre, le tarif annexé à la nomenclature. Il fait lui-même l'estimation du matériel hors de service selon son état, ainsi que des matières et objets non compris dans la nomenclature ou dont le tarif n'indique pas la valeur.

Le compte de gestion et inventaire est établi en triple expédition : l'une reste aux archives de l'agent comptable, les deux autres doivent parvenir à l'administration avant le 31 mars.

ART. 196.

Matériel en réparation.

L'agent comptable prend note, sur un livre auxiliaire, du matériel envoyé en réparation. La sortie momentanée de ce matériel ne donne lieu à aucune autre écriture. Il est considéré comme faisant partie de l'existant en magasin.

ART. 197.

Matériel hors de service et vieilles matières.

Le matériel réformé et mis hors de service, pour quelque cause que ce soit, ne doit pas être confondu, dans les magasins, avec le matériel en bon état. Le matériel hors de service expédié ou livré au garde-magasin donne lieu à une entrée dans la partie de la nomenclature intitulée : *Matériel hors de service et vieilles matières.* S'il fait partie du magasin même, l'agent comptable procède à un changement de classement, en le portant d'abord en sortie, puis en entrée au compte indiqué ci-dessus. Si, après avoir subi une modification, ce matériel redevient propre au service, on le fait figurer de nouveau dans le matériel disponible au moyen d'une opération inverse dans les écritures de comptabilité.

ART. 198.

Comptabilité des dépôts régionaux.

Chaque dépôt régional tient une comptabilité des matières complètement distincte de celle de l'inspection dans laquelle il est situé, et dont il sera parlé plus loin; mais les dépenses en deniers figurent au budget particulier de cette inspection.

Le service des dépôts régionaux de poteaux est soumis aux mêmes règles que celui des dépôts régionaux de matériel de poste et de ligne.

La comptabilité d'un dépôt régional de matériel et celle d'un dépôt régional de poteaux qui se trouvent dans le même département sont confondues, et se tiennent au moyen des mêmes états ou registres.

Les dispositions des articles 187, 188, 189, 191, 192, 193, 194, 195, 196 et 197 ci-dessus sont applicables à la comptabilité des dépôts régionaux.

Chaque mouvement d'entrée et de sortie doit être constaté par un ordre écrit détaché d'un registre à souche et délivré par le directeur-ingénieur chargé du contrôle, comme il a été dit plus haut.

Tous les ordres délivrés par ce fonctionnaire sont numérotés suivant une série annuelle.

ART. 199.

Justification à produire à l'appui des entrées et des sorties communes au dépôt central et aux dépôts régionaux.

Pour les entrées résultant d'achats, de fournitures ou envois d'un autre dépôt, le comptable doit apposer au bas de l'ordre de mouvement un certificat relatant l'inscription du matériel au livre journal.

Il justifie des sorties par un certificat analogue, et en joignant à l'ordre de mouvement les pièces ci-après :

Pour les déficits d'inventaire : un procès-verbal visé à Paris par le fonctionnaire désigné en l'article 188 ci-dessus, et dans les départements, par le directeur-ingénieur;

Pour les pertes et déchets : un procès-verbal visé conformément à la distinction établie ci-dessus;

Pour les consommations : un certificat également visé;

Pour les expéditions, livraisons ou cessions : le reçu du destinataire;

Pour les remises à l'administration des domaines : le reçu de l'agent de cette administration.

Chaque changement de classement devant donner lieu à deux ordres, la justification résulte de la concordance des deux pièces.

Pour faciliter l'établissement des comptes, les objets compris dans chaque livraison, expédition ou cession, sont détaillés, avec indication des numéros correspondants de la nomenclature, sur un bulletin d'envoi que l'expéditeur ou cessionnaire signe et adresse en double au destinataire. Celui-ci conserve l'un des doubles et renvoie l'autre portant son récépissé, après vérification, au point de départ du matériel.

ART. 200.

Comptabilité des inspecteurs-ingénieurs.

Le directeur-ingénieur et les inspecteurs-ingénieurs de la région tiennent la comptabilité du matériel posé ou employé, et du matériel de rechange de leur circonscription, avec le concours des receveurs des postes et des télégraphes et des surveillants dépendant de ladite inspection, dans les conditions qui sont indiquées ci-après.

Chaque inspecteur-ingénieur tient, pour ce qui concerne le magasin ou dépôt dépendant de son inspection, un carnet à souche où se trouve porté tout ce qui concerne le matériel dont il a la charge. Les pages *recto* de ce carnet reçoivent à leur date : 1° l'inscription des mouvements d'entrée ou de sortie, d'augmentation ou de diminution du matériel de rechange, avec la mention des causes de ces mouvements; 2° la relation sommaire des accidents de toute nature qui ont affecté le matériel posé ou employé.

Il tient, de plus, un livre journal semblable à celui des gardes-magasins, dont il a été parlé plus haut.

Les mouvements d'entrée ou de sortie ne donnent lieu à aucune autorisation spéciale, mais ils sont justifiés et constatés par les pièces ci-après indiquées :

Entrées. — 1° Excédents d'inventaire : procès-verbal de récolement;

2° Achats ou fournitures : relevé des objets, accompagné d'un certificat relatant la décision administrative en vertu de laquelle l'achat a eu lieu ou a été autorisé;

3° Réception : bulletin d'envoi de l'expéditeur;

4° Changement de classement : procès-verbal de vérification.

Sorties. — 1° Déficits d'inventaire : procès-verbal de récolement;

2° Pertes ou déchets : procès-verbal de perte;

3° Consommation : certificat indiquant l'usage et la destination des matières consommées, et, au besoin, les feuilles détachées des carnets des agents ayant constaté ou surveillé la consommation;

4° Expédition ou livraison : récépissé du destinataire;

5° Cession : récépissé du destinataire;

6° Remise aux domaines : reçu de l'agent de cette administration;

7° Changement de classement : procès-verbal de vérification.

Chaque mouvement d'entrée et de sortie est immédiatement reporté au livre journal. Au moment où il transcrit l'état des objets reçus, le fonctionnaire qui le prend en compte doit adresser, dans la forme spécifiée ci-dessus, un reçu de ces objets à l'expéditeur ou au comptable qui en fait cession, et renvoyer un double du bulletin d'expédition revêtu de sa signature.

A la fin de l'année, chaque inspecteur procède séparément aux inventaires du matériel employé et du matériel de rechange de son inspection. Il en inscrit les résultats sur la formule portant la nomenclature imprimée.

Il totalise et applique aux totaux généraux le tarif annexé à la nomenclature.

L'inspecteur évalue le matériel hors de service, selon son état, ainsi que les matières et objets non compris dans la nomenclature ou dont le tarif n'indique pas la valeur.

L'inventaire descriptif de chaque parcours de surveillance et de chaque bureau, dressé sur un état spécial comprenant seulement le matériel posé ou employé, est annexé à l'inventaire, conservé à l'inspection.

Les inventaires des inspecteurs sont établis en trois expéditions, dont l'une reste aux archives de l'inspection, et les deux autres sont envoyées à l'administration centrale avant le 31 mars.

ART. 201.

Comptabilité des receveurs et des surveillants.

Les receveurs des postes et des télégraphes, ainsi que les surveillants des lignes télégraphiques, sont munis d'un carnet à souche semblable à celui dont il a été parlé en l'article précédent, qu'ils tiennent d'après les mêmes règles, et où ils inscrivent tout ce qui concerne le matériel de rechange de leur service.

Les pages *verso* sont destinées à l'inventaire mensuel de leur matériel.

Le premier jour de chaque mois, les receveurs et les surveillants envoient à l'inspecteur-ingénieur de leur circonscription la demi-feuille détachée de leur carnet portant la transcription textuelle de celle qui reste à la souche.

Dans le cas où le matériel de rechange n'a subi aucun mouvement, et le matériel posé ou employé aucun accident pendant le mois, la demi-feuille détachée du carnet est envoyée portant l'inventaire seulement.

Les surveillants sont, comme les receveurs, responsables, envers l'inspecteur-ingénieur de leur circonscription, du matériel en dépôt dans leur parcours de surveillance.

ART. 202.

Comptabilité du matériel employé.

La comptabilité du matériel employé ne donne lieu qu'à un inventaire annuel.

ART. 203.

Comptabilité des inspecteurs-ingénieurs chargés de travaux.

Les inspecteurs-ingénieurs et autres fonctionnaires chargés de travaux doivent tenir leurs écritures de comptabilité-matières au moyen du journal, du carnet à souche et du compte de gestion, indépendamment des états qu'ils ont à fournir à l'administration centrale. Ils ne peuvent recevoir, expédier ou céder du matériel sans les ordres de l'administration.

ART. 204.

Comptabilité centrale des matières.

D'après les documents fournis par les comptables et agents dont il est parlé dans les articles précédents, il est tenu, au ministère des postes et des télégraphes, une comptabilité centrale des matières, où sont résumés, après vérification, tous les faits relatés dans ces documents.

Cette comptabilité sert de base aux comptes généraux publiés, chaque année, par le Ministre.

(*Art. 871 du décret du 31 mai 1862.*)

ART. 205.

Envoi à la Cour des comptes de la comptabilité-matières des dépôts.

Le Ministre, après avoir fait vérifier les comptes individuels des agents comptables du dépôt central et des dépôts régionaux, les transmet à la Cour des comptes avec les pièces justificatives.

Il y joint un résumé général par branche de service.

(*Art. 872 du décret du 31 mai 1862.*)

ART. 206.

Communication des déclarations de la Cour des comptes.

L'expédition de la déclaration de la Cour sur chaque compte individuel est adressée au Ministre ordonnateur, qui en donne communication au comptable.

Le Ministre, sur le vu de cette déclaration et des observations du comptable, arrête définitivement le compte.

(*Art. 873 du décret du 31 mai 1862.*)

ART. 207.

Suite donnée aux déclarations de la Cour des comptes.

Immédiatement après l'arrêté définitif de tous les comptes de chaque année, le Ministre transmet à la Cour des comptes un résumé faisant connaître la suite qui a été donnée à ses déclarations et les redressements que leur prise en considération motivera dans les comptes de la gestion suivante.

(*Art. 874 du décret du 31 mai 1862.*)

TITRE XI.

DISPOSITION FINALE.

ART. 208.

Les dispositions du présent règlement remplacent et annulent toutes celles des règlements antérieurs concernant la comptabilité du ministère des postes et des télégraphes.

Abrogation de toutes dispositions contraires au présent règlement.

Les modifications dont ce règlement et la nomenclature qui y fait suite pourraient être susceptibles doivent être concertées entre le Ministre des finances et le Ministre des postes et des télégraphes.

(*Art. 881 du décret du 31 mai 1862.*)

NOMENCLATURE DES PIÈCES À PRODUIRE

AUX COMPTABLES DU TRÉSOR PUBLIC

ET AUX RECEVEURS PRINCIPAUX DES POSTES ET DES TÉLÉGRAPHES,

À L'APPUI DES ORDONNANCES ET MANDATS DÉLIVRÉS

POUR LE PAYEMENT DES DÉPENSES

DU MINISTÈRE DES POSTES ET DES TÉLÉGRAPHES,

PRÉSENTANT

L'ANALYSE DU MODE D'ADMINISTRATION ET DE COMPTABILITÉ

DES DIVERS SERVICES.

Nota. La présente nomenclature a été établie d'après la classification des dépenses au budget de l'exercice 1881.

DISPOSITIONS GÉNÉRALES

CONCERNANT

L'ORDONNANCEMENT, LE PAYEMENT

ET LA JUSTIFICATION DES DÉPENSES.

§ Ier.

RÈGLES APPLICABLES AUX DÉPENSES DE TOUTE NATURE.

1. L'ordonnance de payement émane directement du Ministre, le titulaire d'une ordonnance est accrédité auprès du comptable du Trésor public ou du comptable des postes et des télégraphes, qui doit la payer, au moyen d'une lettre d'avis contenant extrait de l'ordonnance, que la partie prenante revêt de son acquit.

Le mandat de payement (1) est émis par un ordonnateur secondaire, il tient lieu de lettre d'avis au titulaire de la créance. La partie prenante donne quittance sur le mandat.

Il n'a pas paru utile, dans la nomenclature des pièces justificatives des dépenses, de mentionner l'extrait d'ordonnance et le mandat, toutes les fois qu'ils ne devaient rien présenter de spécial.

2. L'acquittement des dépenses publiques est justifié par les comptables conformément aux dispositions du présent règlement et aux prescriptions de la nomenclature suivante.

---

(1) Tout mandat de payement dérive d'une ordonnance ministérielle de délégation de crédit. Il est procédé par voie de délégation, pour décentraliser, dans l'intérêt du service des dépenses, diverses opérations dont l'accélération importe aux créanciers du Trésor public, telles que l'instruction des réclamations, la réception ou la régularisation des pièces justificatives et la liquidation des droits acquis : ce mode facilite le contact ou les relations par correspondance des créanciers de l'administration avec les fonctionnaires qui la représentent sur tous les points du pays; il prévient des retards et des frais de déplacement; il permet enfin que la remise des mandats de payement soit faite aux ayants droit par des agents administratifs généralement à portée de connaître les titulaires de créances qui se présentent pour retirer les mandats, et, au besoin, de faire facilement constater leur individualité.

3. Il n'est question, dans cette nomenclature, que des pièces qui, indépendamment de l'ordonnance ou du mandat, sont nécessaires pour justifier de la légalité et de la réalité de la dépense, ainsi que de la validité du payement à la personne dénommée dans l'ordonnance ou le mandat. En cas de payement à des ayants droit ou représentants du titulaire, les comptables doivent exiger, sous leur responsabilité et d'après le droit commun, les pièces constatant, selon le cas, les qualités et droits des parties prenantes.

4. Lorsqu'il s'agit de services non prévus dans la nomenclature, ou de cas spéciaux pour lesquels les règlements et instructions ont dû laisser aux comptables, sous leur responsabilité, le soin d'exiger les pièces nécessaires, les justifications produites à l'appui des ordonnances ou des mandats doivent toujours constater la régularité de la dette et celle du payement, aux termes des articles 89 et 90 du présent règlement.

5. Avant de procéder au payement des ordonnances et des mandats délivrés sur leurs caisses, ou de les viser pour être payés par d'autres comptables, les agents chargés de la dépense doivent s'assurer, sous leur responsabilité, que toutes les formalités déterminées par les règlements ont été observées et que les justifications désignées par la nomenclature sont produites.

6. Les pièces justificatives produites à l'appui d'une ordonnance ou d'un mandat doivent être revêtues du visa de l'ordonnateur ou de son délégué; mais lorsqu'elles sont l'objet d'un bordereau énumératif, conformément à l'article 92 du règlement, ce bordereau seul est visé par l'ordonnateur ou son délégué, et il suffit, quant aux pièces, qu'elles soient arrêtées par le fonctionnaire ou l'agent administratif chef du service que la dépense concerne.

7. Lorsqu'il est ordonnancé ou mandaté des acomptes sur une dépense, la première ordonnance ou le premier mandat doit être appuyé des pièces qui constatent le droit du créancier au payement de cet acompte; pour les acomptes subséquents, les ordonnances ou mandats rappellent les justifications déjà produites et relatent les ordonnances ou les mandats précédemment délivrés. Ces justifications sont complétées lors du solde de la dépense.

8. Les titres produits en justification des dépenses, notamment les mémoires des entrepreneurs et fournisseurs, doivent toujours indiquer la date précise, soit de l'exécution des services ou des travaux, soit de la livraison des fournitures.

9. La partie prenante dénommée dans une ordonnance ou dans un mandat de payement doit toujours être le créancier réel, c'est-à-dire la personne qui a fait le service, effectué les fournitures ou travaux, et qui a un droit à exercer contre le Trésor public.

10. Les ordonnances ou mandats délivrés, après le décès d'un créancier de l'État, au profit de ses héritiers, ne désignent pas chacun d'eux, mais portent seulement cette indication générale : *les héritiers.* C'est au comptable chargé de la dépense qu'il appartient, avant de procéder au payement, d'exiger les titres justificatifs de la qualité des ayants droit, ainsi qu'il est dit ci-dessus (V. n° 3).

Les sommes de 50 francs et au-dessous pourront toutefois être payées sur la production d'un certificat du maire énonçant que les parties y dénommées ont seules droit de toucher la somme due en qualité d'héritiers.

La signature du maire, dans les départements autres que celui de la Seine, devra être légalisée.

Tout certificat de propriété ayant pour objet le payement de sommes dues par l'État, à titre de pension, de rémunération ou de secours, est exempt de la formalité de l'enregistrement.

11. Les agents préposés au payement des dépenses doivent se conformer aux dispositions suivantes, en ce qui concerne les quittances à fournir par les parties prenantes :

1° La quittance est apposée sur l'extrait d'ordonnance ou sur le mandat; elle ne doit contenir ni restriction ni réserve. Quand l'extrait d'ordonnance ou le mandat est quittancé par le créancier, il n'est pas nécessaire qu'il soit fourni une quittance isolée et distincte : l'extrait d'ordonnance ou le mandat est, s'il y a lieu, soumis au *timbre de quittance* de 10 centimes (Loi du 23 août 1871, art. 18);

2° Lorsque la quittance est produite séparément, comme il arrive si elle doit être extraite d'un registre à souche ou à talon, ou si elle se trouve au bas des factures, mémoires ou contrats, l'extrait d'ordonnance ou le mandat n'en doit pas moins être quittancé *pour ordre* et *par duplicata,* la décharge du Trésor ne pouvant être séparée de l'ordonnancement qui a ouvert le droit. Cette nouvelle quittance n'entraîne pas la nécessité d'un timbre distinct, quand le timbre de quittance a été apposé sur les titres, factures ou mémoires, ou que la quittance *timbrée* a été fournie séparément;

3° Toute quittance doit être datée et signée par la partie prenante, devant l'agent de la dépense, au moment même du payement. Si la partie n'est capable que de signer son nom, la date de la quittance est inscrite par le comptable;

4° Si la partie prenante est illettrée ou dans l'impossibilité de signer, la déclaration en est faite au comptable chargé du payement, qui la transcrit sur l'ordonnance ou le mandat, la signe et la fait signer par deux témoins présents au payement, pour toutes les créances qui n'excèdent pas 150 francs. Pour les payements au-dessus de cette somme, il doit être exigé une quittance notariée, enregistrée gratis, à moins qu'il ne s'agisse de secours, auquel cas la preuve testimoniale est admise;

5° Lorsqu'il s'agit de payements collectifs, il peut toujours être suppléé aux quittances individuelles par des états d'émargement dûment certifiés.

(Les timbres de quittance applicables aux *états d'émargement* peuvent être remplacés par le timbre à *l'extraordinaire*, lorsque le droit à percevoir par chaque page correspond à l'une des quotités de ce dernier timbre en usage).

[Décret du 27 novembre 1871, art. 5];

6° Les états nominatifs de liquidation, quand chaque titulaire ne reçoit pas personnellement du comptable la somme qui lui revient, doivent porter, outre l'émargement des ayants droit, l'acquit de la personne autorisée à recevoir en leur nom le montant de l'ordonnance ou du mandat; ce dernier acquit est exempt du timbre;

7° Les états de payement ordonnancés ou mandatés au profit de corps ou portions de corps de troupes doivent être acquittés par tous les membres du conseil d'administration. Pour les fractions de corps détachées sans conseil d'administration, les ordonnances et les mandats sont acquittés par l'officier ou le sous-officier commandant;

8° En matière d'expropriation pour cause d'utilité publique, les quittances peuvent, comme les contrats, être passées dans la forme des actes administratifs.

12. Toute pièce à produire à l'appui d'une ordonnance ou d'un mandat de payement pour justification des droits du créancier, et dont la désignation est suivie de la lettre (T) dans la nomenclature, est assujettie au droit du timbre établi en raison de la dimension des papiers (1), lorsqu'elle est produite *en original;* les règles relatives au timbre des *copies* sont indiquées au n° 37 ci-après.

13. Le timbre de quittance est exigible autant de fois qu'il y a de parties prenantes pour des sommes excédant 10 francs, sauf le cas d'indivision (2).

---

(1) Loi du 13 brumaire an VII, article 12 : « Sont assujettis au droit de timbre établi en raison « de la dimension, tous les papiers à employer pour les actes et écritures, soit publics, soit privés « savoir :

....

« Les actes des autorités constituées administratives qui sont assujettis à l'enregistrement ou « qui se délivrent aux citoyens, et toutes les expéditions et extraits des actes, arrêtés et délibé- « rations desdites autorités qui sont délivrés aux citoyens;

....

« Et généralement tous actes et écritures, extraits, copies et expéditions, soit publics, soit pri- « vés, devant ou pouvant faire titre, ou être produits pour obligation, décharge, justification, « demande ou défense. »

Circulaire de la comptabilité publique du 11 janvier 1877..........................

....

« Les dépenses pour abonnement à une publication périodique ne sont justifiées que par la décision administrative qui autorise la dépense, et la quittance n'est passible que d'un droit de 10 cent. »

(2) Lorsque, par suite d'un transport en garantie dûment signifié, le payement est fait sur l'acquit simultané du cédant et du cessionnaire, il doit être exigé deux timbres, si le transport n'est que partiel, et s'il est donné quittance du tout.

14. Lorsque les titres, factures ou mémoires portant quittance sont timbrés, ou que la quittance est fournie séparément sur papier timbré, l'acquit donné *pour ordre* sur les extraits d'ordonnances ou les mandats n'entraîne pas la nécessité du timbre de ces pièces.

15. Les quittances, reçus ou décharges sous seing privé ne sont pas sujets au timbre de dimension, mais au timbre de 10 centimes, établi par l'article 18 de la loi du 23 août 1871. Quant aux récépissés ou quittances délivrés par les comptables des deniers publics, ils sont passibles d'un droit de timbre spécial, fixé à 25 centimes par la même loi (art. 2 et 20).

Les agents du payement sont tenus de se conformer, pour l'apposition et l'oblitération des timbres mobiles, aux dispositions du décret du 27 novembre 1871, ainsi qu'aux instructions ou règlements généraux du ministère des finances.

16. Si le titulaire de l'ordonnance ou du mandat n'est qu'un intermédiaire administratif entre l'État et ses créanciers, la quittance qu'il donne en touchant les fonds est une formalité d'ordre qui ne nécessite pas le timbre; mais il est exigé, lorsqu'il y a lieu, sur les quittances des créanciers réels, que l'intermédiaire est tenu de rapporter et de produire au comptable.

17. N'est point soumis à la formalité du timbre tout bordereau produit par un agent administratif à l'effet soit d'obtenir le remboursement de dépenses ou d'avances, soit de justifier de l'emploi des fonds qui avaient été mis à sa disposition pour un service public.

18. Sont exemptées de la formalité du timbre les quittances de toutes sommes payées à titre de secours aux indigents ou pour salaires de travaux exécutés par atelier de charité, et toutes autres quittances pour créances non excédant 10 francs, quand il ne s'agit pas d'un acompte ou du solde final sur une plus forte somme (1).

19. Les pouvoirs d'émarger que donnent, en cas d'éloignement de leur résidence, et par forme de lettre, conformément à l'article 1985 du Code civil, les employés et préposés de l'administration, sont dipensés du timbre.

---

(1) Le coût du timbre des quittances est à la charge du *débiteur*, sauf en ce qui concerne l'État. (Loi du 13 brumaire an VII, art. 16, et loi du 23 août 1871, art. 23.)

Les quittances délivrées par les comptables des postes et des télégraphes restent soumises à la législation qui leur est propre. (Loi du 23 août 1871, art. 20.)

Le timbre spécial de quittance n'est applicable, ni aux quittances authentiques, ni aux acquits inscrits sur les chèques ou sur les effets de commerce. (Mêmes loi et article.)

20. Pour les dépenses qui n'excèdent pas 10 francs dans leur totalité, la production des factures et mémoires de travaux ou fournitures n'est pas exigible, quand le détail des fournitures ou travaux est présenté dans l'ordonnance ou le mandat. S'il s'agit d'une dépense exécutée en régie, il peut être suppléé à la facture ou au mémoire par une quittance de l'ayant droit contenant le même détail.

21. Les sommes en chiffres inscrites dans le corps d'une ordonnance ou d'un mandat, ainsi que de toute pièce à l'appui, doivent être énoncées en toutes lettres dans l'arrêté de l'ordonnateur ou du liquidateur.

22. Les pièces justificatives de dépenses qui présentent des ratures ne peuvent être admises sans l'approbation du nombre (en toutes lettres) des mots rayés *comme mots nuls*, signée, selon les cas, par ceux qui ont arrêté les mémoires, états et autres titres, ou par ceux qui ont souscrit les quittances, et par l'agent administratif qui a visé les pièces.

Tout renvoi ayant pour objet d'ajouter des énonciations omises doit être également approuvé et offrir les mêmes signatures.

L'approbation ne peut être considérée comme valable, si la rectification est simplement interlignée au-dessus de la signature primitive, sans apposition d'une nouvelle signature.

23. Toute lettre d'avis de l'expédition d'une ordonnance de payement et tout mandat présentant, dans leur partie manuscrite, des ratures ou renvois non approuvés, doivent être refusés par le comptable et ne peuvent donner lieu à payement qu'après régularisation par le signataire.

24. Les signatures griffées sont interdites sur les ordonnances, lettres d'avis ou mandats, et sur toutes pièces justificatives des dépenses.

25. Les actes notariés produits pour la justification des droits des créanciers de l'État doivent porter l'empreinte du sceau des notaires qui les ont dressés, et ils doivent être légalisés, s'ils proviennent d'un département autre que celui où s'effectue le payement. Toutefois ceux délivrés par les notaires résidant au chef-lieu d'une cour d'appel sont valables sans légalisation dans le ressort de la cour.

26. Tout titre de créance énonçant des quantités en poids ou mesures doit être rejeté, si ces quantités sont exprimées autrement qu'en poids et mesures du système décimal, conformément à la loi du 4 juillet 1837.

§ 2.

RÈGLES APPLICABLES AUX DÉPENSES DU PERSONNEL.

27. Les traitements se payent par mois et à terme échu ; tous les mois sont indistinctement comptés pour trente jours. En cas de décès d'un employé ou de cessation d'activité dans le cours du mois, il est produit un décompte établissant la somme due en raison du nombre des jours de service.

28. Le traitement d'un employé absent pour cause d'altération de facultés mentales et soigné dans un établissement public peut être payé, sauf déduction des retenues prescrites, sur l'acquit du receveur de cet établissement, appuyé d'une quittance à souche, et sur la production d'un certificat de vie du malade, délivré par le directeur de l'établissement, dont la signature doit être légalisée par le maire de la commune. L'extrait d'ordonnance ou le mandat de payement doit, en outre, être visé par celui des membres de la commission administrative qui remplit les fonctions d'administrateur provisoire; à Paris, ces fonctions sont remplies par le directeur de l'assistance publique.

29. Les sommes payées à titre de traitement fixe ou éventuel, de supplément de traitement, de remises proportionnelles, de salaires, ou constituant à tout autre titre un émolument personnel, sont passibles de retenues pour pensions, aux termes de l'article 3 de la loi du 9 juin 1853. La nomenclature suivante fait connaître les diverses sortes d'émoluments que les lois ou règlements exemptent de ces retenues.

30. Les traitements ou allocations passibles de retenues, qui sont acquittés par les comptables du Trésor et par ceux des postes et des télégraphes, sont portés *pour le brut* dans les ordonnances et mandats, et il y est fait mention spéciale des retenues à exercer pour pensions. Les comptables chargés du payement des ordonnances et des mandats les imputent en dépense pour leur montant intégral, et ils constatent en recette le produit des retenues, à un compte distinct par exercice, intitulé : *Retenues sur traitements pour le service des pensions civiles*, conformément à l'article 5 du décret du 9 novembre 1853. Les extraits d'ordonnances ou les mandats n'en doivent pas moins être acquittés pour le montant brut. La dépense afférente à ces retenues est balancée dans les comptes par une somme égale portée en recette.

§ 3.

RÈGLES APPLICABLES AUX DÉPENSES DU MATÉRIEL.

31. Les mémoires ou factures de fournitures d'objets matériels et les mémoires de travaux et services se rapportant au matériel doivent être totalisés

en chiffres et en toutes lettres; ils sont datés et signés par les créanciers, et le domicile de ces derniers doit y être indiqué.

Au cas où la partie est illettrée, il est procédé comme il a été dit page 71, n° 11, 4°.

32. L'arrêté de liquidation des mémoires et factures de toute fourniture d'objets matériels doit contenir les indications ci-après : 1° certificat de réception de ces objets par l'administration, à moins que leur livraison n'ait été constatée, soit par un procès-verbal compris au nombre des pièces justificatives, soit par la déclaration d'un agent compétent, relatant le numéro d'inscription sur le registre tenu par cet agent pour les objets qu'il doit prendre en charge; 2° mention du numéro de l'inscription desdits objets sur l'inventaire ou le catalogue, pour ceux dont la nature comporte cette formalité.

33. L'ordonnance ou le mandat de *premier payement*, délivré au nom de tout entrepreneur ou fournisseur assujetti à un cautionnement, doit être appuyé, à défaut de pièces constatant la réalisation du cautionnement, d'une déclaration de l'ordonnateur ou de son délégué compétent, faisant connaître la date de la réalisation de la garantie exigée et la nature des valeurs qui y ont été affectées.

34. La production des tarifs annuels qui servent de base à la liquidation des fournitures faites par l'Imprimerie nationale est exigible pour le premier payement de chaque exercice, et l'on y renvoie pour les payements suivants.

35. Les réemplois d'effets mobiliers et de matériaux utilisés pour les services d'où ils proviennent, conformément à l'article 21 du règlement, doivent être prévus dans les marchés ou conventions et justifiés au moyen d'un décompte établi à l'appui des devis, dans lesquels se trouvent décrits et évalués les objets réformés remis aux entrepreneurs ou fournisseurs et dont la nature et la valeur sont ensuite rappelées au bas des mémoires.

§ 4.

RÈGLES APPLICABLES À LA FORME ET À LA PRODUCTION DES PIÈCES JUSTIFICATIVES.

36. Toutes les fois que les pièces justificatives désignées dans la nomenclature se rapportent à plusieurs payements distincts à effectuer par le même comptable, elles peuvent n'être produites qu'une fois; mais, dans ce cas, chaque ordonnance ou mandat de payement auquel elles sont applicables doit énoncer le numéro et la date de l'ordonnance ou du mandat auquel elles ont été jointes; le comptable doit indiquer, en outre, la date du payement à l'appui duquel elles sont produites à la Cour des comptes, sans que la production de ces pièces puisse être différée au delà du terme de l'exercice

ou au delà du terme de la gestion personnelle du comptable qui a payé la première dépense.

Cette règle n'est pas applicable aux acomptes d'une entreprise pour laquelle les pièces justificatives peuvent, d'après l'article 99 du présent règlement, être rattachées au payement pour solde.

37. La nomenclature ci-après indique les pièces justificatives en original.

A défaut de la minute ou de l'original de toute pièce justificative à produire aux comptables, il peut y être suppléé par des copies dûment certifiées par les agents administratifs compétents, et relatant textuellement, s'il y a lieu, la mention de l'enregistrement.

Les copies remises aux parties pour être produites par elles au lieu et place de l'expédition originale sont délivrées sur timbre lorsque le timbre est exigé pour l'original.

Les copies faites par les soins de l'administration pour l'ordre de la comptabilité sont exemptes du timbre. (Décisions ministérielles des 10 septembre 1830 et 20 janvier 1832.) Elles doivent contenir une mention expresse de leur destination (1).

Dans le cas où un procès-verbal d'adjudication, un marché, une décision, etc. se rapporteraient à plusieurs personnes ou à plusieurs entreprises distinctes, les originaux ou les copies peuvent être remplacés par des extraits certifiés, qui doivent relater, en général, toutes les conditions de l'exécution du service et de la régularité du payement, ainsi que l'accomplissement, s'il y a lieu, de l'enregistrement et de toutes les autres formalités voulues, et qui seront complétés à cet effet, s'ils ne paraissent pas au comptable ou à la Cour des comptes contenir les indications nécessaires.

Les ordonnances et les mandats, ainsi que les quittances des parties prenantes, sont toujours produits en original.

38. Dans tous les cas où les énonciations contenues dans les pièces produites ne paraîtraient pas suffisamment précises, les comptables peuvent se faire délivrer par les ordonnateurs, soit avant le payement, soit en exécution des arrêts de la Cour des comptes, des certificats administratifs qui complètent ces énonciations.

§ 5.

FORME DE LA NOMENCLATURE.

39. L'ordre qui a été suivi pour l'indication des pièces à produire à l'appui de chaque nature de dépense est celui du budget; c'est, en effet, dans cet

---

(1) Sont considérées de plein droit comme faites pour l'ordre de la comptabilité, et par suite, exemptes du timbre, les copies des procès-verbaux d'adjudication des marchés, de cahiers des charges, devis ou soumissions, *qui sont mises au soutien des ordonnances ou mandats de payement.*

ordre que les comptes sont dressés, et que les payements et les justifications sont classés pour être soumis au contrôle judiciaire.

40. Les divers services du budget comprennent toutefois, dans des chapitres distincts, des dépenses analogues, pour lesquelles les pièces justificatives sont identiques, puisque ces pièces ne varient pas suivant la nature du service, mais seulement d'après le mode d'exécution, déterminé le plus souvent par l'importance de la dépense, et que les mêmes règles ont été rendues applicables, par le décret du 31 mai 1862, aux traitements de tous les fonctionnaires et agents, aux fournitures et travaux de toutes sortes.

Aussi, pour éviter des répétitions inutiles et pour faciliter le remboursement des dépenses qui peuvent être faites à titre d'avances pour le compte d'un autre service, la nomenclature présente, en premier lieu, la description complète des justifications communes applicables à tous les services, et, dans l'analyse des dépenses de ces services, elle renvoie, sous des lettres de référence, à chacune de ces justifications pour les articles qui s'y rapportent.

Ces justifications s'appliquent aux dépenses ci-après :

Personnel.

1° Traitements fixes et autres émoluments assimilés aux traitements, soumis aux retenues pour le service des pensions civiles (loi du 9 juin 1853);

2° Indemnités périodiques annuelles ou temporaires, payables comme les traitements, mais exemptes de retenues pour le service des pensions;

3° Indemnités variables calculées d'après des tarifs et autres bases fixes de liquidation;

4° Indemnités spéciales et gratifications;

5° Secours;

6° Salaires journaliers.

Matériel.

7° Fournitures de toute espèce;

8° Impressions fournies par l'Imprimerie nationale;

9° Travaux de toute nature;

10° Transports;

11° Acquisitions de propriétés immobilières;

12° Locations d'immeubles.

41. Quant aux dépenses qui ne rentrent pas dans ces catégories ou qui présentent un caractère particulier, l'indication des justifications spéciales qui leur sont applicables est détaillée pour chacune d'elles en regard des paragraphes où elles sont successivement mentionnées.

JUSTIFICATIONS COMMUNES.

TABLE SPÉCIALE.

PERSONNEL.

MATÉRIEL.

NOMENCLATURE.

JUSTIFICATIONS COMMUNES APPLICABLES
À TOUS LES SERVICES.

Nota. 1° Chacun des éléments distincts de la liquidation ou du contrôle constitue une justification spéciale et a dû être désigné sous un numéro d'ordre particulier; mais chaque justification ne forme pas nécessairement une pièce séparée; une seule pièce peut donc, si sa forme le comporte, contenir les justifications indiquées sous plusieurs numéros.

2° Conformément à l'article 37 des dispositions générales ci-dessus, les pièces justificatives, qui sont toujours désignées en original dans la présente nomenclature, peuvent être, sauf les cas spécifiés, remplacées par des copies certifiées.

Dans tous les cas où, dans la présente nomenclature, il est parlé d'une *décision* sans qu'elle soit autrement spécifiée, c'est d'une décision ministérielle qu'il s'agit.

PERSONNEL.

A. — TRAITEMENTS FIXES SOUMIS AUX RETENUES POUR LE SERVICE DES PENSIONS CIVILES.

(*Loi du 9 juin 1853.*)

(Règlement, art. 54, 106 et 107.)

1° ÉTAT NOMINATIF dûment arrêté, *indiquant pour chaque fonctionnaire ou agent :*

1° Le grade et l'emploi;

2° Le chiffre du traitement annuel;

3° La durée du service;

4° La somme brute à ordonnancer;

5° Le montant des retenues à exercer au profit du Trésor pour le service des pensions civiles, en exécution de la loi du 9 juin 1853, savoir :

Retenue de 5 p. o/o;

Retenue du premier douzième de traitement ou d'augmentation;

Retenue pour congé, absence ou mesure disciplinaire;

Et pour déterminer le montant desdites retenues :

En cas de nomination nouvelle ou de promotion, la date de la décision, l'époque de l'entrée en jouissance, la position et le traitement antérieurs;

En cas d'absence pour service public, la nature du service;

En cas d'absence par suite de congé, la date de la décision qui a accordé le congé, avec ou sans dispense de retenue, la nature et la durée du congé, l'époque de la cessation et de la reprise des fonctions;

En cas de retenue disciplinaire (art. 57), la date de la décision qui en a fixé le montant;

6° *Pour les retenues autres que celles à exercer pour le service des pensions civiles :* la nature et le montant de la retenue et la date de la décision qui l'a prescrite;

Personnel. — B. C. Indemnités.

7° La somme nette à payer, *déduction faite du montant des retenues;*

8° *En ce qui concerne le cumul, ledit état contenant (art. 32)* la déclaration des parties elles-mêmes qu'elles ne remplissent aucun emploi et qu'elles ne jouissent d'aucun traitement ou pension, et dans le cas contraire, l'indication précise de ces traitements ou pensions (*art. 107*).

2° Quittance de l'ayant droit par émargement ou séparée;

Et, de plus, en cas d'ordonnancement collectif:

3° Acquit (non timbré) de la personne autorisée à recevoir.

B. — INDEMNITÉS PÉRIODIQUES ANNUELLES OU TEMPORAIRES.

(*Exemptes de retenues pour le service des pensions civiles.*)

1° État nominatif dûment arrêté, *indiquant pour chaque fonctionnaire ou agent:*

1° Le grade et l'emploi;

2° Le chiffre de l'indemnité annuelle;

3° La durée du service;

4° *Dans le cas où ladite indemnité n'est pas portée au budget,* la date de la décision qui l'a fixée;

5° La somme à payer.

2° Quittance de l'ayant droit par émargement ou séparée;

Et, de plus, en cas d'ordonnancement collectif:

3° Acquit (non timbré) de la personne autorisée à recevoir.

C. — INDEMNITÉS VARIABLES CALCULÉES D'APRÈS DES TARIFS ET AUTRES BASES FIXES DE LIQUIDATION.

(*Exemptes de retenues pour le service des pensions civiles.*)

TRAVAUX EXTRAORDINAIRES, FRAIS DE TOURNÉES, DE MISSIONS, ETC.

1° État nominatif, dûment arrêté et approuvé, présentant les bases du calcul des droits acquis et la somme à payer à chaque fonctionnaire ou agent;

2° Tarifs ou autres actes qui ont fixé ces bases;

Nota. Si ces pièces ont été produites antérieurement, ou si elles ont été insérées soit dans le Bulletin des lois, soit dans d'autres recueils officiels, il suffira de mentionner cette circonstance en indiquant le numéro du Bulletin, ou le compte antérieur et le mandat à l'appui desquels la pièce a été produite.

3° Quittance de l'ayant droit par émargement ou séparée;

Et, de plus, en cas d'ordonnancement collectif:

4° Acquit (non timbré) de la personne autorisée à recevoir.

Personnel. — D. Gratifications. — E. Secours. — F. Salaires. — Matériel. G. Fournitures.

D. — INDEMNITÉS SPÉCIALES ET GRATIFICATIONS.

(*Exemptes de retenues pour le service des pensions civiles.*)

1° Décision qui accorde l'indemnité ou la gratification;

2° Quittance de l'ayant droit par émargement ou séparée;

Et, de plus, en cas d'ordonnancement collectif:

3° État nominatif, dûment approuvé, indiquant la somme accordée à chacun des fonctionnaires et agents y dénommés;

4° Acquit (non timbré) de la personne autorisée à recevoir.

E. — SECOURS.

1° Décision qui accorde le secours;

Nota. Pour les secours périodiques, la décision est produite à l'appui du premier payement; il suffit de s'y reporter pour les payements suivants.

2° Quittance de l'ayant droit;

3° Certificat de vie du titulaire, *si le payement est fait à un fondé de pouvoirs.*

F. — SALAIRES.

(*Exempts de retenues pour le service des pensions civiles.*)

1° État nominatif, dûment arrêté, indiquant, pour chacun des agents y dénommés, le prix fixé, le nombre des journées et la somme à payer;

2° Quittance de l'ayant droit par émargement ou séparée;

Et, de plus, en cas d'ordonnancement collectif:

3° Acquit (non timbré) de la personne autorisée à recevoir.

MATÉRIEL.

G. — FOURNITURES.

§ 1er — FOURNITURES EXÉCUTÉES EN VERTU D'ADJUDICATIONS PUBLIQUES OU DE MARCHÉS DE GRÉ À GRÉ.

Payement unique ou intégral. (Règlement, art. 96.)

1° Procès-verbal d'adjudication ou marché de gré à gré (T), dûment approuvé et enregistré;

2° Cahier des charges (T);

Nota. Si le cahier des charges est un document administratif d'une application générale et ne constitue pas une annexe spéciale du marché, l'original est exempté du timbre.

Matériel. — G. Fournitures.

3° DEVIS ou SOUMISSION (T), contenant l'indication des fournitures et des prix, lorsque ces détails ne résultent ni du procès-verbal d'adjudication ou du marché ni du cahier des charges;

4° CERTIFICAT constatant la réalisation du cautionnement ou la dispense qui en a été donnée (art. 42, § 3);

5° FACTURE (T), MÉMOIRE (T) ou DÉCOMPTE, dûment certifié ou accepté et arrêté, contenant le détail des fournitures en quantités, les prix d'unité, la date des livraisons et la somme à payer.

6° CERTIFICAT constatant l'exécution du service dans les délais et suivant les conditions stipulées, faisant connaître (*s'il y a lieu*) la date des ordres de livraison, *et, de plus,* mentionnant la prise en charge par qui de droit des fournitures, ou le numéro d'inscription sur l'inventaire ou le catalogue des objets qui en sont susceptibles;

7° *En cas d'exonération ou de réduction des retenues encourues pour retard dans les livraisons :*

DÉCISION qui a prononcé cette exonération ou cette réduction;

8° QUITTANCE de l'ayant droit;

9° *En cas de traité de gré à gré pour les fournitures au-dessus de 10,000 francs, ou de 3,000 francs par an, si elles embrassent plusieurs années :*

CERTIFICAT de l'ordonnateur, relatant l'une des exceptions spécifiées par le paragraphe 1er de l'article 42.

Nota. 1° Lorsque les fournitures résultant d'une même adjudication ou d'un même marché sont scindées, mais que chaque livraison fait l'objet d'une liquidation distincte et complète, dont le montant est ordonnancé intégralement, on produit à l'appui du premier payement toutes les justifications indiquées ci-dessus; pour les payements suivants, les justifications nos 5, 6, 7 (*s'il y a lieu*) et 8, sont seules produites, et il suffit de rappeler le numéro de l'ordonnance ou du mandat à l'appui duquel les justifications nos 1, 2, 3, 4 et 9 (*s'il y a lieu*) ont été jointes antérieurement, ainsi que la date et le lieu de payement.

Chaque facture ou mémoire doit rappeler la situation de l'entrepreneur quant aux quantités qu'il était tenu de fournir, aux termes de son marché.

2° En cas de *traité à forfait,* il n'est pas nécessaire que le mémoire contienne le décompte détaillé en quantités et deniers, qui ne serait que la reproduction textuelle du devis ou du cahier des charges.

Payements fractionnés. (Règlement, art. 98 et 99.)

PREMIER ACOMPTE.

1° **EXTRAIT certifié du PROCÈS-VERBAL D'ADJUDICATION ou du MARCHÉ, mentionnant l'approbation et l'enregistrement;**

Matériel. — G. Fournitures.

2° EXTRAIT DU CAHIER DES CHARGES faisant connaître le montant du cautionnement et les conditions du payement;

3° CERTIFICAT constatant la réalisation du cautionnement ou la dispense qui en a été donnée;

4° DÉCOMPTE portant liquidation des fournitures effectuées, indiquant la somme à ordonnancer et (*s'il y a lieu*) la somme retenue;

5° QUITTANCE de l'ayant droit;

6° *En cas de traité de gré à gré pour des fournitures au-dessus de 10,000 francs, ou de 3,000 francs par an, si elles embrassent plusieurs années :*

CERTIFICAT de l'ordonnateur, relatant l'une des exceptions spécifiées par le paragraphe 1er de l'article 42.

ACOMPTES SUBSÉQUENTS.

1° DÉCOMPTE portant liquidation des fournitures effectuées, indiquant, *s'il y a lieu*, la somme retenue, le détail des acomptes payés, les dates et numéros des ordonnances ou mandats en vertu desquels ces payements ont été faits, le montant et le numéro d'ordre de l'acompte à ordonnancer;

2° Quittance de l'ayant droit;

3° *Dans le cas où le solde serait payé par une autre caisse que celle qui a payé les acomptes :*

CERTIFICAT (*à rattacher au dernier mandat d'acompte*) indiquant le numéro et la date de l'ordonnance ou du mandat de solde auquel se trouvent jointes les pièces justificatives de la dépense, le lieu du payement et le compte à l'appui duquel ces pièces doivent être produites (art. 102).

4° *Dans le cas où les premiers payements auraient été effectués par une autre caisse que celle chargée d'acquitter un nouvel acompte ou le solde :*

BULLETIN indiquant les payements antérieurs et CERTIFICAT de non-opposition délivré par le comptable désigné audit bulletin.

PAYEMENT POUR SOLDE.

1° PROCÈS-VERBAL D'ADJUDICATION OU MARCHÉ DE GRÉ À GRÉ (T), dûment approuvé et enregistré;

2° CAHIER DES CHARGES (T);

NOTA. Si le cahier des charges est un document administratif d'une application générale et ne constitue pas une annexe spéciale du marché, l'original est exempté du timbre.

3° DEVIS OU SOUMISSION (T) contenant l'indication des fournitures et des prix, lorsque ces détails ne résultent ni du procès-verbal d'adjudication ou du marché, ni du cahier des charges;

4° FACTURE (T), MÉMOIRE (T) ou DÉCOMPTE, dûment certifié ou accepté et arrêté, contenant le détail en quantités, les prix d'unité et le montant total des fournitures, ainsi que la date des livraisons;

5° DÉCOMPTE relatant les acomptes payés, les dates et numéros des ordonnances ou mandats antérieurs, et la somme à payer;

6° CERTIFICAT constatant l'exécution du service dans les délais et suivant les conditions stipulés, faisant connaître (*s'il y a lieu*) la date des ordres de livraison, *et, de plus,* mentionnant la prise en charge par qui de droit des fournitures, ou le numéro d'inscription sur l'inventaire ou le catalogue des objets qui en sont susceptibles;

7° *En cas d'exonération ou de réduction des retenues encourues pour retard dans les livraisons :*

DÉCISION qui a prononcé cette exonération ou cette réduction;

8° QUITTANCE de l'ayant droit;

9° *En cas d'exécution d'une même fourniture en plusieurs années, à l'appui du payement de solde :*

DÉCOMPTE général de l'entreprise détaillé et dûment certifié (art. 101).

NOTA. Lorsque les adjudications ou marchés sont passés pour plusieurs années, et que les dépenses se soldent par exercice, on produit à l'appui du payement de solde du premier exercice toutes les justifications indiquées ci-dessus; pour les payements de solde de chacun des exercices ultérieurs, les justifications nos 4, 5, 6, 7 (*s'il y a lieu*) et 8 sont seules produites, et il suffit de rappeler le numéro de l'ordonnance ou du mandat à l'appui duquel les justifications nos 1, 2 et 3 ont été produites, ainsi que la date et le lieu de payement.

§ 2. — FOURNITURES EXÉCUTÉES SUR SIMPLE MÉMOIRE, LORSQUE LA DÉPENSE N'EXCÈDE PAS 1,000 FRANCS.

(Règlement, art. 42, § 11, 2e alinéa.)

1° FACTURE (T), MÉMOIRE (T) ou DÉCOMPTE, dûment certifié ou accepté et arrêté, contenant le détail des fournitures en quantités, les prix d'unité, la date de la livraison et la somme à payer;

2° CERTIFICAT constatant la prise en charge des fournitures, ou indiquant le numéro d'inscription sur l'inventaire ou le catalogue des objets qui en sont susceptibles;

3° QUITTANCE de l'ayant droit.

NOTA. Lorsqu'il est payé un ou plusieurs acomptes sur le montant d'un mémoire, les pièces justificatives doivent être fournies à l'appui du payement du premier acompte. On s'y réfère pour les payements suivants.

H. — IMPRESSIONS FOURNIES PAR L'IMPRIMERIE NATIONALE.

Payement unique ou intégral.

1° Copie ou extraits des TARIFS annuels dûment approuvés;

2° MÉMOIRE liquidé et arrêté, présentant le détail en quantités et les prix d'unité;

3° CERTIFICAT de prise en charge des fournitures faites;

4° QUITTANCE à souche dûment contrôlée, souscrite par le caissier de l'Imprimerie;

5° ACQUIT pour duplicata (non timbré) donné par ce comptable sur l'extrait de l'ordonnance, lequel doit porter le *vu bon à payer* du chef de bureau de la comptabilité de l'Imprimerie nationale et le visa du contrôleur près cet établissement.

Payements fractionnés.

ACOMPTE.

1° DÉCOMPTE du service fait, faisant ressortir la somme à payer pour le premier acompte, et, pour les payements suivants, rappelant, en outre, les acomptes payés et les dates et numéros des ordonnances ou mandats antérieurs;

2° QUITTANCE à souche, comme ci-dessus;

3° ACQUIT pour duplicata (non timbré), comme ci-dessus.

SOLDE.

Mêmes justifications qu'au payement intégral;

Et, de plus :

DÉCOMPTE rappelant les acomptes payés, les dates et numéros des ordonnances ou mandats antérieurs.

I. — TRAVAUX.

§ 1er. — TRAVAUX EXÉCUTÉS EN VERTU D'ADJUDICATIONS PUBLIQUES OU DE MARCHÉS DE GRÉ À GRÉ.

(Règlement, art. 42.)

Payement unique ou intégral. (Règlement, art. 96.)

1° Décision approbative des travaux, mentionnant (*s'il y a lieu*) la date

6...

du décret rendu dans les cas prévus par l'article 69, § 2, du décret du 31 mai 1862;

2° PROCÈS-VERBAL D'ADJUDICATION (T) OU MARCHÉ DE GRÉ À GRÉ (T), dûment approuvé (art. 42, §§ 10 et 11) et enregistré;

3° CAHIER DES CHARGES (T);

NOTA. Si le cahier des charges est un document administratif d'une application générale et ne constitue pas une annexe spéciale du marché, l'original est exempté de timbre.

4° DEVIS ESTIMATIF (*s'il y a lieu*);

5° SÉRIE DES PRIX;

6° CERTIFICAT constatant la réalisation du cautionnement ou la dispense qui en a été donnée;

7° FACTURE (T) OU DÉCOMPTE administratif des travaux exécutés, dûment certifié ou accepté et arrêté, contenant le détail des travaux, l'application des prix par article, la date de l'exécution et la somme à payer.

8° PROCÈS-VERBAL DE RÉCEPTION DÉFINITIVE, constatant l'exécution du service dans les délais et suivant les conditions stipulées;

NOTA. Dans le cas où il ne serait pas dressé de procès-verbal de réception définitive, il est produit un certificat administratif contenant les mêmes énonciations.

9° *En cas d'exonération ou de réduction des retenues encourues pour retard :*

DÉCISION qui a prononcé l'exonération ou la réduction;

10° QUITTANCE de l'ayant droit;

11° *En cas de traité de gré à gré pour les travaux au-dessus de 10,000 francs, ou de 3,000 francs par an, s'ils embrassent plusieurs années :*

CERTIFICAT de l'ordonnateur, relatant l'une des exceptions spécifiées par le paragraphe 1er de l'article 42.

NOTA. 1° Lorsque les travaux résultant d'une même adjudication ou d'un même marché sont scindés et constituent plusieurs entreprises distinctes qui font l'objet chacune d'une liquidation spéciale dont le montant est ordonnancé intégralement, on produit, à l'appui du premier payement, toutes les justifications indiquées ci-dessus; pour les payements suivants, les justifications nos 7, 8, 9 (*s'il y a lieu*) et 10 sont seules produites, et il suffit de rappeler le numéro de l'ordonnance ou du mandat à l'appui duquel les justifications nos 1, 2, 3, 4, 5 et 6 ont été jointes antérieurement, ainsi que la date et le lieu de payement.

Chaque facture ou décompte doit rappeler la situation de l'entrepreneur quant à l'ensemble de son marché.

2° En cas de traité à forfait, il n'est pas nécessaire que le décompte contienne le détail des travaux et des prix, qui ne serait que la reproduction textuelle du devis.

Payements fractionnés. (Règlement, art. 98 et 99.)

PREMIER ACOMPTE.

1° DÉCISION APPROBATIVE des travaux, mentionnant (*s'il y a lieu*) la date du décret rendu dans les cas prévus par l'article 69, § 2, du décret du 31 mai 1862;

2° EXTRAIT certifié du PROCÈS-VERBAL D'ADJUDICATION ou du MARCHÉ, mentionnant l'approbation et l'enregistrement;

3° EXTRAIT DU CAHIER DES CHARGES faisant connaître le montant du cautionnement et les conditions du payement;

4° CERTIFICAT constatant la réalisation du cautionnement ou la dispense qui en a été donnée;

5° DÉCOMPTE portant liquidation des travaux effectués, indiquant la somme à ordonnancer et la somme retenue (art. 100);

6° QUITTANCE de l'ayant droit;

7° *En cas de traité de gré à gré pour les travaux au-dessus de 10,000 francs, ou de 3,000 francs par an, s'ils embrassent plusieurs années :*

CERTIFICAT de l'ordonnateur, relatant l'une des exceptions spécifiées par le paragraphe 1er de l'article 42.

ACOMPTES SUBSÉQUENTS.

1° DÉCOMPTE portant liquidation des travaux effectués, indiquant la somme retenue, le détail des acomptes payés, les dates et numéros des ordonnances ou mandats en vertu desquels les payements ont été faits, le montant et le numéro d'ordre de l'acompte à ordonnancer;

2° QUITTANCE de l'ayant droit;

3° *Dans le cas où le solde serait payé par une autre caisse que celle qui a payé les acomptes :*

CERTIFICAT (*à rattacher au dernier mandat d'acompte*) indiquant le numéro et la date de l'ordonnance ou du mandat de solde auquel se trouvent jointes les pièces justificatives de la dépense, le lieu du payement et le compte à l'appui duquel ces pièces doivent être produites;

4° *Dans le cas où les premiers payements auraient été effectués par une autre caisse que celle chargée d'acquitter un nouvel acompte ou le solde:*

BULLETIN indiquant les payements antérieurs et CERTIFICAT de non-opposition délivré par le comptable désigné audit bulletin.

PAYEMENT POUR SOLDE.

1° PROCÈS-VERBAL D'ADJUDICATION (T) ou MARCHÉ DE GRÉ À GRÉ (T), dûment approuvé et enregistré;

2° CAHIER DES CHARGES (T);

NOTA. Si le cahier des charges est un document administratif d'une application générale et ne constitue pas une annexe spéciale du marché, l'original est exempté du timbre.

Matériel. — I. Travaux.

3° DEVIS ESTIMATIF (*s'il y a lieu*);

4° SÉRIE DES PRIX;

5° FACTURE (T) ou DÉCOMPTE administratif des travaux exécutés, dûment certifié ou accepté et arrêté, contenant l'application des prix par article, le montant total des travaux et la date de l'exécution;

6° DÉCOMPTE GÉNÉRAL de l'entreprise relatant les acomptes payés, les dates et numéros des ordonnances ou mandats antérieurs et la somme à payer;

7° PROCÈS-VERBAL DE RÉCEPTION DÉFINITIVE, constatant l'exécution du service dans les délais et suivant les conditions stipulés;

NOTA. Dans le cas où il ne serait pas dressé de procès-verbal de réception définitive, il est produit un certificat administratif contenant les mêmes énonciations.

8° *En cas d'exonération ou de réduction des retenues encourues pour retard :*

DÉCISION qui a prononcé l'exonération ou la réduction ;

9° Quittance de l'ayant droit;

10° *En cas d'exécution de travaux durant plusieurs années,*

A l'appui du payement de solde de la dernière année :

DÉCOMPTE GÉNÉRAL de l'entreprise, détaillé et dûment certifié (art. 101.)

NOTA. Lorsque les adjudications ou marchés sont passés pour plusieurs années et que les dépenses se soldent par exercice, on produit, à l'appui du payement de solde du premier exercice, toutes les justifications indiquées ci-dessus; pour les payements de solde de chacun des exercices ultérieurs, les justifications n°s 5, 6, 7, 8 (*s'il y a lieu*) et 9 sont seules produites, et il suffit de rappeler le numéro de l'ordonnance ou du mandat à l'appui duquel les justifications n°s 1, 2, 3 et ont été jointes antérieurement, ainsi que la date et le lieu du payement.

§ 2. — TRAVAUX EXÉCUTÉS SUR SIMPLE MÉMOIRE, LORSQUE LA DÉPENSE N'EXCÈDE PAS 1,000 FRANCS.

(Art. 42, § 11, 2e alinéa.)

1° MÉMOIRE (T) dûment arrêté, réglé (*s'il y a lieu*) et contenant le détail en quantités, les prix d'unité et la somme à payer;

2° CERTIFICAT constatant l'exécution des travaux;

3° QUITTANCE de l'ayant droit.

NOTA. Lorsqu'il est payé un ou plusieurs acomptes sur le montant d'un mémoire, les pièces doivent être fournies à l'appui du payement du premier acompte; on s'y réfère pour les payements suivants.

§ 3. — TRAVAUX EN RÉGIE PAR ÉCONOMIE.

(Règlement, art. 97, 120, 121 et 122.)

1° DÉCISION de l'administration supérieure autorisant l'exécution des travaux et visant l'article du règlement sur lequel est motivée la mise en régie desdits travaux;

2° DÉCISION ou ARRÊTÉ nommant le régisseur;

3° Acquit (non timbré) du régisseur sur le mandat d'avance;

4° Bordereau détaillé de l'emploi des fonds avancés, visé par l'ordonnateur (art. 122) et appuyé des pièces ci-après, savoir :

Salaires à la journée et à la tâche.

1° Rôles des journées d'ouvriers, états ou mémoires des tâcherons, attestés par le régisseur et indiquant le prix convenu, ainsi que le nombre des journées, ou le détail des travaux effectués à la tâche;

2° Quittances des ayants droit par émargement ou séparées.

Fournitures.

1° Mémoires (T) ou factures (T), attestés par le régisseur, contenant la date et le détail des livraisons en quantités et deniers et la somme à payer;

2° Certificat constatant la prise en charge des fournitures, ou indiquant le numéro d'inscription sur l'inventaire des objets qui en sont susceptibles;

3° Quittances des ayants droit;

Et, dans le cas où les travaux ou fournitures seraient exécutés en vertu d'adjudications ou de marchés :

Les pièces exigées par la présente nomenclature : pour les fournitures, par la justification G *ci-dessus*, §§ 1 et 2, et pour les travaux, par la présente justification I, §§ 1 et 2.

Nota. Lorsqu'il est délivré successivement plusieurs mandats d'avance, on produit, à l'appui de la première avance, toutes les justifications indiquées ci-dessus ; pour les avances suivantes, les justifications n°s 3 et 4 sont seules produites, et il suffit de rappeler le numéro et la date des ordonnances ou mandats à l'appui desquels les justifications n°s 1 et 2 ont été transmises, ainsi que la date et le lieu du payement.

Pour toutes les avances, excepté la première, le bordereau d'emploi des fonds doit relater la situation des avances antérieures.

J. — TRANSPORTS.

§ 1er. — TRANSPORTS EXÉCUTÉS EN VERTU D'ADJUDICATIONS PUBLIQUES OU DE MARCHÉS DE GRÉ À GRÉ.

(Règlement, art. 42.)

Payement unique ou intégral. (Règlement, art. 96.)

1° Procès-verbal d'adjudication (T) ou marché de gré à gré (T), dûment approuvé et enregistré;

2° Cahier des charges (T);

Nota. Si le cahier des charges est un document d'une application générale et ne constitue pas une annexe spéciale du marché, l'original est exempté du timbre.

Matériel. — J. Transports.

3° TARIFS et ÉTATS des distances entre les différents points à desservir;

4° CERTIFICAT constatant la réalisation du cautionnement ou la dispense qui en a été donnée;

5° FACTURE (T) indiquant les bases de la liquidation et le montant total des transports effectués;

6° DÉCOMPTE de liquidation, présentant (*s'il y a lieu*) le calcul des retenues encourues pour retard, perte ou avarie, et, en cas d'exonération ou de réduction des retenues pour retards, accordées par décision ministérielle ou administrative, mentionnant la date de cette décision et établissant la somme nette à payer;

7° *Pour le transport du matériel:* LETTRES DE VOITURE (T), ACQUITS-À-CAUTION ou justifications analogues constatant la date du départ et celle de la réception, par le destinataire, des objets transportés, *et, en cas de perte ou d'avarie,* PROCÈS-VERBAL faisant connaître la nature, le nombre et la valeur des objets perdus;

Pour le transport du personnel: RÉQUISITION ou justification analogue donnant la date du départ et celle de l'arrivée, dûment certifiée.

8° QUITTANCE de l'ayant droit;

9° *En cas de traité de gré à gré pour les transports au-dessus de 10,000 francs, ou de 3,000 francs par an, s'ils embrassent plusieurs années:*

CERTIFICAT de l'ordonnateur relatant l'une des exceptions spécifiées par le paragraphe 1er de l'article 42.

En cas d'exécution des transports par abonnement et à forfait: Les justifications ci-dessus nos 1, 2, 4, 5, et (*s'il y a lieu*) 9, *et, de plus,* CERTIFICAT constatant la régulière exécution du service.

NOTA Lorsque les adjudications ou marchés pour transports sont passés pour plusieurs années et que les dépenses se soldent par exercice, on produit, à l'appui du payement de solde du premier exercice, toutes les justifications indiquées ci-dessus; pour le payement de solde de chacun des exercices ultérieurs, les justifications 5, 6, 7 et 8 sont seules produites, et il suffit de rappeler le numéro de l'ordonnance ou du mandat à l'appui duquel les justifications nos 1, 2, 3, 4 et 9 (*s'il y a lieu*) ont été produites, ainsi que la date et le lieu du payement.

Payements fractionnés. (Règlement, art. 98 et 99.)

PREMIER ACOMPTE.

1° EXTRAIT certifié du PROCÈS-VERBAL D'ADJUDICATION ou du MARCHÉ, mentionnant l'approbation et l'enregistrement;

Matériel. — J. Transports.

2° EXTRAIT certifié du CAHIER DES CHARGES, faisant connaître le montant du cautionnement et les conditions du payement;

3° CERTIFICAT constatant la réalisation du cautionnement ou la dispense qui en a été donnée;

4° DÉCOMPTE portant liquidation des transports effectués et indiquant la somme retenue et la somme à payer;

5° QUITTANCE de l'ayant droit;

6° *En cas de traité de gré à gré pour les transports au-dessus de 10,000 francs, ou de 3,000 francs par an, lorsqu'ils embrassent plusieurs années:*

CERTIFICAT de l'ordonnateur relatant l'une des exceptions spécifiées par le paragraphe 1er de l'article 42.

ACOMPTES SUBSÉQUENTS.

1° DÉCOMPTE portant liquidation des transports effectués, indiquant la somme retenue, le détail des acomptes payés, les dates et numéros des ordonnances ou mandats en vertu desquels ces payements ont été faits, le montant et le numéro d'ordre du payement à ordonnancer;

2° QUITTANCE de l'ayant droit;

3° *Dans le cas où le solde serait payé par une autre caisse que celle qui a payé les acomptes:*

CERTIFICAT (*à rattacher au dernier mandat d'acompte*) indiquant le numéro et la date de l'ordonnance ou du mandat de solde auquel se trouvent jointes les pièces justificatives de la dépense, le lieu du payement et le compte à l'appui duquel ces pièces doivent être produites (art. 102).

4° *Dans le cas où les premiers payements auraient été effectués par une autre caisse que celle chargée d'acquitter le nouvel acompte ou le solde:*

BULLETIN indiquant les payements antérieurs et CERTIFICAT de non-opposition délivré par le comptable désigné audit bulletin.

PAYEMENT POUR SOLDE.

1° PROCÈS-VERBAL D'ADJUDICATION OU MARCHÉ DE GRÉ À GRÉ (T), dûment approuvé et enregistré;

2° CAHIER DES CHARGES (T);

NOTA. Si le cahier des charges est un document administratif d'une application générale et ne constitue par une annexe spéciale du marché, l'original est exempté du timbre.

3° TARIFS et ÉTATS des distances entre les différents points à desservir;

Matériel. — J. Transports.

4° FACTURE (T) indiquant le détail des expéditions, les bases de la liquidation et le montant total des transports effectués;

5° DÉCOMPTE de liquidation présentant (*s'il y a lieu*) le calcul des retenues encourues pour retard, perte ou avarie, et, au cas d'exonération ou de réduction des retenues pour retard, accordées par décision ministérielle ou administrative, mentionnant la date de cette décision, ledit décompte relatant en outre les acomptes payés, les dates et numéros des ordonnances ou mandats antérieurs, et la somme à payer.

6° *Pour le transport de matériel:* LETTRES DE VOITURE (T), ACQUITS-À-CAUTION ou justification analogue constatant la date du départ et celle de la réception, par le destinataire, des objets transportés, et, *en cas de perte ou d'avarie*, PROCÈS-VERBAL faisant connaître la nature, le nombre et la valeur des objets perdus ou avariés;

Pour le transport de personnel: RÉQUISITION ou justification analogue donnant les dates de départ et d'arrivée, dûment certifiées;

7° QUITTANCE de l'ayant droit.

NOTA. Lorsque l'entreprise du marché embrasse plusieurs années et que les dépenses se soldent par exercice, on produit, à l'appui du payement de solde du premier exercice, toutes les justifications indiquées ci-dessus; pour le payement de solde de chacun des exercices ultérieurs, les justifications nos 4, 5, 6, 7, (*s'il y a lieu*) et 9 sont seules produites, et il suffit de rappeler le numéro de l'ordonnance ou du mandat à l'appui duquel les justifications nos 1, 2 et 3 ont été produites, ainsi que la date et le lieu du payement.

§ 2. — TRANSPORTS EXÉCUTÉS SUR SIMPLE MÉMOIRE, LORSQUE LA VALEUR N'EXCÈDE PAS 1,000 FRANCS.

(Règlement, art. 42, § 11, 2e alinéa.)

1° MÉMOIRE (T) dûment réglé et arrêté, présentant les bases de la liquidation;

2° QUITTANCE de l'ayant droit;

Et, de plus, la justification n° 6 ci-dessus.

§ 3. — NOLIS DE BÂTIMENTS.

1° CHARTE PARTIE (T);

2° CONNAISSEMENTS (*s'il y a lieu*);

3° CERTIFICATS d'embarquement et de débarquement;

4° FACTURE (T) ou DÉCOMPTE présentant les bases de la liquidation, appuyé (*s'il y a lieu*) des PROCÈS-VERBAUX justificatifs des frais de starie et de surstarie, et des CERTIFICATS constatant le cours du change.

5° QUITTANCE de l'ayant droit.

NOTA. Lorsqu'il est fait des avances au départ, on produit à l'appui du payement des avances, outre la quittance, la CHARTE PARTIE et le CERTIFICAT d'embarquement; les autres justifications sont produites à l'appui du payement pour solde, et, dans ce cas, la FACTURE ou le DÉCOMPTE mentionne les avances payées antérieurement.

K. — ACQUISITIONS ET ÉCHANGES DE PROPRIÉTÉS IMMOBILIÈRES.

ART. 1er. — ACQUISITION D'IMMEUBLES D'APRÈS LES RÈGLES DU DROIT COMMUN.

§ 1er. — IMMEUBLES APPARTENANT À DES PERSONNES CAPABLES.

1° LOI, DÉCRET ou DÉCISION MINISTÉRIELLE qui a autorisé l'acquisition ou l'échange (art. 41);

2° ACTE DE VENTE (T) notarié ou administratif, JUGEMENT D'ADJUDICATION (T), ou tout autre TITRE constatant l'acquisition et la transmission de la propriété, transcrits au bureau des hypothèques et enregistrés (1);

NOTA. Les copies produites doivent relater *textuellement* la transcription et la mention de l'enregistrement.

3° Les justifications constatant la PURGE des privilèges et hypothèques, et des droits réels transcrits en vertu de la loi du 23 mars 1855 (2); savoir:

> 1° CERTIFICAT (T) négatif, délivré après transcription par le conservateur des hypothèques, relatant expressément qu'il s'applique aux mentions et transcriptions désignées par les articles 1 et 2 de ladite loi (3);
>
> Ou (*s'il y a lieu*) ÉTAT (T) des inscriptions et, en outre, desdites transcriptions et mentions (4);

---

(1) Toutes les pièces concernant les acquisitions faites pour le compte de l'État sont timbrées et enregistrées gratis. (*Art. 70 de la loi du 22 frimaire an VII, et art. 58 de la loi du 3 mai 1841 sur l'expropriation pour cause d'utilité publique.*)

(2) Si le prix d'acquisition n'excède pas 500 francs, la purge des hypothèques n'est pas nécessaire. (*Art. 19 de la loi du 3 mai 1841.*)

(3) Il n'est dû aucun droit ni aucun salaire aux conservateurs des hypothèques pour la transcription, pour la délivrance des certificats et pour tout autre renseignement dans l'intérêt de l'État. (*Décision du Ministre des finances du 24 juillet 1837, et art. 58 de la loi du 3 mai 1841 sur l'expropriation pour cause d'utilité publique.*)

(4) L'état des inscriptions ou le certificat négatif doivent énoncer formellement qu'il n'y a pas d'inscription au profit du Crédit foncier. (*Décret-loi du 28 février 1852, art. 47.*)

Matériel. — K. Acquisitions et échanges, etc.

2° *Dans le cas où lesdits certificats ou états ne seraient pas délivrés quarante-cinq jours au moins après la date de l'acte de vente :*

CERTIFICAT (T) du conservateur, constatant qu'il n'existe pas d'inscriptions prises pour la conservation du privilège spécial mentionné par l'article 6 de ladite loi, ou ÉTAT (T) des inscriptions prises pour cet objet;

3° *Dans le cas où il existerait des inscriptions, si le montant du prix n'est pas versé à la Caisse des dépôts et consignations :*

CERTIFICAT (T) de radiation desdites inscriptions, délivré par le conservateur des hypothèques (1).

4° Les justifications constatant la PURGE DES HYPOTHÈQUES LÉGALES (2) (*art. 2194 du Code civil*), savoir :

1° CERTIFICAT (T) de dépôt du contrat au greffe pour être affiché;

2° EXPLOIT (T) de notification au procureur de la République et aux parties intéressées;

3° CERTIFICAT (T) d'affiche pendant deux mois;

4° Exemplaire certifié de la FEUILLE D'ANNONCES JUDICIAIRES du département, contenant l'insertion de l'exploit de notification;

5° CERTIFICAT (T) du conservateur des hypothèques constatant qu'aucune inscription n'a été requise sur l'immeuble acquis pendant deux mois à dater de l'insertion (*avis du Conseil d'État du 1er juin 1807*), ou (*s'il y a lieu*) ÉTAT des inscriptions;

6° *Dans le cas où il existerait des inscriptions, si le montant du prix n'est pas versé à la Caisse des dépôts et consignations :*

CERTIFICAT (T) de radiation desdites inscriptions, délivré par le conservateur des hypothèques.

NOTA. Toutes les justifications concernant la purge des hypothèques et des hypothèques légales sont produites en original.

5° DÉCOMPTE de liquidation, en principal et intérêts, du prix d'acquisition (3);

6° QUITTANCE de l'ayant droit;

---

(1) Le payement peut être fait sur la production d'une quittance notariée portant mainlevée des inscriptions; cette pièce est produite à défaut de certificat de radiation.

(2) En cas d'acquisition sur saisie immobilière, il n'y a pas lieu de procéder à la purge des hypothèques légales. (*Art. 717 du Code de procédure civile, modifié par la loi du 21 mai 1858.*)

(3) Dans le cas exceptionnel où des intérêts du prix capital de l'immeuble seraient payés avant ce capital, on ne sera tenu de produire à l'appui du premier payement pour intérêts, outre la quittance, que les justifications nos 1, 5, et, de plus, un extrait certifié de l'acte d'acquisition, faisant connaître notamment les conditions de prix et de payement.

Les autres justifications ne seront produites qu'avec le payement du capital, ou, si ce payement est fractionné, elles seront mises à l'appui du premier acompte.

Matériel. — K. Acquisitions et échanges, etc.

Si le montant du prix de vente et versé à la Caisse des dépôts et consignations par suite d'inscription :

Les justifications ci-dessus, à l'exception du certificat de radiation 3°, n° 3, et 4°, n° 6, et de la quittance de l'ayant droit, 6°;

Et, de plus :

7° DÉCISION ou ARRÊTÉ motivé de l'ordonnateur, prescrivant la consignation et visant la date de la délivrance, par le conservateur, des états d'inscriptions;

NOTA. L'état des inscriptions 3°, n° 1, et 4°, n° 5, est remis à la Caisse des dépôts et consignations et n'est pas produit à la Cour des comptes.

8° RÉCÉPISSÉ du préposé de la Caisse des dépôts et consignations.

§ 2. — IMMEUBLES APPARTENANT À DES MINEURS, INTERDITS, ABSENTS OU INCAPABLES, OU FAISANT PARTIE DE MAJORATS.

Les mêmes justifications qu'au paragraphe 1er;

Et, de plus :

9° JUGEMENT (T) autorisant la vente;

10° La justification du REMPLOI, dans le cas où cette mesure serait prescrite par le jugement et où l'acquéreur en serait responsable.

§ 3. — IMMEUBLES APPARTENANT À DES FEMMES MARIÉES.

Les pièces mentionnées au paragraphe 1er sous les nos 1, 2, 3, 4, 5, 7 et 8;

Et, de plus :

9° ACTE DE MARIAGE (T);

10° *Dans le cas où le mariage est postérieur à la loi du 10 juillet 1850, et où l'acte contient déclaration de contrat :* Extrait (T) du CONTRAT DE MARIAGE, à l'effet de faire connaître le régime sous lequel les époux sont mariés et les dispositions relatives au remploi;

Dans le cas où le mariage est antérieur à la loi précitée : Extrait (T) du CONTRAT, aux effets ci-dessus, ou CERTIFICAT du fonctionnaire qui a passé l'acte de vente, constatant que les époux ont déclaré s'être mariés sans contrat de mariage, quand l'acte de vente ne l'énonce pas;

11° ACQUITS de la femme et du mari, ou, à défaut de l'acquit du mari, AUTORISATION du tribunal;

Dans le cas où l'aliénation ne pourrait avoir lieu qu'en vertu de jugement :

Matériel. — K. Acquisitions et échanges, etc.

12° JUGEMENT (T) du tribunal autorisant la vente;

Dans tous les cas où le remploi est prescrit, soit par le contrat de mariage, soit par un jugement, et où l'acquéreur en est responsable :

13° La justification du REMPLOI.

NOTA. Pour les immeubles appartenant à des femmes mariées, et dont la valeur en capital n'excède pas 500 francs, la production du contrat de mariage n'est pas exigée; et, lors même que les femmes sont mariées sous le régime dotal, le payement peut être fait sans justification de remploi.

§ 4. IMMEUBLES APPARTENANT À DES DÉPARTEMENTS, DES COMMUNES OU DES ÉTABLISSEMENTS PUBLICS.

Les justifications mentionnées au paragraphe 1er sous les nos 1, 2, 3, 5, 6, 7 et 8;

Et, de plus :

9° *S'il s'agit d'immeubles appartenant à un département :*

DÉLIBÉRATION du conseil général autorisant la vente, et, *si l'immeuble appartient à un département autre que celui de la Seine*, AVIS de la commission départementale sur le contrat à passer par le préfet;

S'il s'agit d'immeubles appartenant à une commune ou à un établissement public :

DÉLIBÉRATION, dûment approuvée, du conseil municipal ou de la commission administrative qui a autorisé la vente.

(Les justifications n° 4 du paragraphe 1er seront produites, s'il pouvait exister des hypothèques légales du chef des précédents propriétaires.)

ART. 2. — ACQUISITIONS D'IMMEUBLES PAR APPLICATION DE LA LOI DU 3 MAI 1841 SUR L'EXPROPRIATION POUR CAUSE D'UTILITÉ PUBLIQUE.

§ 1er. — IMMEUBLES APPARTENANT À DES PERSONNES CAPABLES.

EXPROPRIATIONS LORSQU'IL N'Y A PAS PRISE DE POSSESSION POUR CAUSE D'URGENCE.

En cas de conventions amiables :

1° ARRÊTÉ du préfet pris après l'accomplissement des formalités prescrites par les articles 4 à 10 de la loi du 3 mai 1841, relatant la date de la loi ou du décret (aux termes de l'article 2) qui a déclaré l'utilité publique, et déterminant les propriétés particulières auxquelles l'expropriation est applicable (art. 11 de la loi précitée);

Matériel. — K. Acquisitions et échanges, etc.

2° Acte de vente (T) notarié ou administratif, dûment approuvé, transcrit au bureau des hypothèques de l'arrondissement (art. 16 et 19 de la loi) (1);

3° Certificat du maire constatant que, préalablement à la transcription, l'acte de vente a été publié et affiché conformément à l'article 15 de la loi précitée et suivant les formes de l'article 6.

4° Exemplaire du journal où l'insertion a été faite ;

Nota. L'insertion doit toujours être faite antérieurement à la transcription.

5° Certificat négatif (T) ou état (T) des inscriptions, délivré par le conservateur des hypothèques quinze jours au moins après la transcription ;

Dans le cas où il existe des inscriptions, et si le montant du prix n'est pas versé à la Caisse des dépôts et consignations :

6° Certificat (T) de radiation, délivré par le conservateur des hypothèques;

7° Certificat du préfet, délivré huit jours au moins après les publications et affiches susmentionnées et constatant qu'aucun tiers ne s'est fait connaître à l'administration comme intéressé au règlement de l'indemnité (art. 21, § 2, de la loi) ;

8° Décompte, en principal et intérêts, du prix d'acquisition ;

9° Quittance de l'ayant droit (2) ;

Si le montant du prix de vente est versé à la Caisse des dépôts et consignations :

Les pièces ci-dessus, à l'exception de la *quittance* de l'ayant droit n° 9 ;

Et, de plus :

10° Décision ou arrêté motivé de l'ordonnateur prescrivant la consignation, ledit arrêté visant la date de la délivrance, par le conservateur, de l'état d'inscriptions ;

Nota. L'état des inscriptions n° 5 est remis à la Caisse des dépôts et consignations et n'est pas produit à la Cour des comptes.

---

(1) En vertu du deuxième paragraphe de l'article 19 de la loi, l'administration peut ne pas remplir les formalités de publication et de transcription pour les acquisitions dont le prix ne dépasse pas 500 francs.

Les portions contiguës appartenant à un même propriétaire doivent faire l'objet d'un seul acte de vente.

Dans le cas où la dispense de ces formalités ne serait pas exprimée dans l'acte de vente, elle devra être l'objet d'un certificat spécial du préfet.

Si le vendeur n'est pas l'individu dénommé à la matrice des rôles, le contrat doit indiquer comment la propriété est passée du propriétaire désigné par la matrice des rôles à celui qui consen la vente.

Si la désignation portée à la matrice des rôles est inexacte ou incomplète, le vendeur doit prouver l'inexactitude ou l'erreur par la production d'un bail, d'un acte de vente, d'un partage ou d'un autre acte authentique.

A défaut d'acte authentique, l'identité sera prouvée par un certificat du maire de la commune où l'immeuble est situé, délivré sur la déclaration de deux témoins au moins.

Ces justifications seront énoncées au contrat.

(2) Les quittances peuvent être passées dans la forme des actes administratifs (art. 56 de la loi).

11° RÉCÉPISSÉ du préposé de la Caisse des dépôts et consignations.

NOTA. Les justifications nos 3, 5, 6 et 7 sont produites en original.

En cas de jugement d'expropriation :

1° SI L'INDEMNITÉ EST RÉGLÉE À L'AMIABLE.

1° JUGEMENT D'EXPROPRIATION (T), relatant textuellement la mention de la transcription et énonçant la date de la notification ;

2° CERTIFICAT du maire constatant que, préalablement à la transcription, le jugement a été publié et affiché conformément à l'article 15 de la loi précitée et suivant les formes de l'article 6 de ladite loi ;

3° Exemplaire du JOURNAL où l'insertion a été faite ;

NOTA. L'insertion doit être faite antérieurement à la transcription.

4° CONVENTION (T), dûment approuvée, contenant règlement de l'indemnité ;

Et, de plus :

Les justifications mentionnées sous les nos 5°, 6°, 7°, 8°, 9°, 10° et 11°, *comme en cas de conventions amiables.*

2° SI L'INDEMNITÉ EST RÉGLÉE PAR LE JURY.

Mêmes justifications qu'à l'article précédent, moins les nos 4, 7 et 8 ;

Et, de plus :

DÉCISION DU JURY, suivie de l'ordonnance d'exécution rendue par le magistrat directeur, contenant règlement de l'indemnité et (*s'il y a lieu*) répartition des dépens (art. 40 et 41 de la loi) ;

DÉCOMPTE, en principal et intérêts, du prix d'acquisition, portant (*s'il y a lieu*) déduction de la portion des dépens mise à la charge du vendeur (1).

PRISE DE POSSESSION POUR CAUSE D'URGENCE DE TERRAINS NON BÂTIS.

Consignations provisoires dans le cas de prise de possession pour cause d'urgence.

1° JUGEMENT D'EXPROPRIATION, relatant textuellement la mention de la transcription et énonçant la date de la notification ;

---

(1) Dans le cas exceptionnel où des intérêts du prix capital de l'immeuble seraient payés avant ce capital, on ne sera tenu de produire, à l'appui du premier payement pour intérêts, que les pièces nos 1, 8, 9 et (*s'il y a lieu*) 10 et 11, et, en outre, un extrait certifié de l'acte d'acquisition, faisant connaître notamment les conditions de prix et de payement.

Les autres pièces ne seront produites qu'avec le payement du capital, ou, si ce payement est fractionné, elles seront mises à l'appui du premier acompte.

Matériel. — K. Acquisitions et échanges, etc.

2° CERTIFICAT du maire constatant que, préalablement à la transcription, le jugement a été publié et affiché conformément à l'article 15 de la loi du 3 mai 1841 et suivant les formes de l'article 6 de ladite loi ;

3° Numéro du JOURNAL où l'insertion a été faite (cette insertion doit être faite antérieurement à la transcription) ;

4° Extrait ou mention du DÉCRET qui déclare l'urgence ;

5° JUGEMENT qui fixe le montant de la somme à consigner par l'administration ;

6° ARRÊTÉ du préfet motivant et prescrivant la consignation provisoire, qui doit comprendre, indépendamment de la somme fixée par le tribunal, les deux années d'intérêts exigées par l'article 69 de la loi précitée ;

(Cet arrêté doit expliquer si la consignation est faite à la charge ou non d'inscriptions hypothécaires et s'il existe ou non d'autres obstacles à la remise des fonds entre les mains du propriétaire dépossédé, et doit relater, en outre, la date du certificat négatif ou de l'état des inscriptions délivré par le conservateur des hypothèques.)

7° RÉCÉPISSÉ du préposé de la Caisse des dépôts et consignations.

Payement du complément au montant de l'indemnité dans le cas où la consignation est inférieure.

1° INDICATION de l'ordonnance ou du mandat auquel copie ou extrait du jugement d'expropriation a été joint au moment de la consignation provisoire ;

2° CONVENTION (T), dûment approuvée, contenant règlement de l'indemnité ;

Ou, *si l'indemnité a été réglée par le jury*, DÉCISION DU JURY, suivie de l'ordonnance d'exécution rendue par le magistrat directeur, contenant règlement de l'indemnité et (*s'il y a lieu*) répartition des dépens ;

3° DÉCOMPTE en principal et intérêts du prix d'acquisition, portant (*s'il y a lieu*) déduction des dépens mis à la charge des expropriés ;

4° ARRÊTÉ du préfet rappelant la somme précédemment consignée, ainsi que la date et le numéro du mandat primitif, déterminant le solde à consigner, et ordonnant la consignation de ce solde et la conversion de la consignation provisoire en consignation définitive ;

(Cet arrêté doit expliquer si la consignation est faite à la charge ou non d'inscriptions hypothécaires et s'il existe ou non d'autres obstacles à la remise des fonds entre les mains du propriétaire dépossédé, et doit relater, en outre, la date du certificat négatif ou de l'état des inscriptions délivré par le conservateur des hypothèques.)

5° DÉCLARATION de l'agent de la Caisse des dépôts et consignations, constatant la conversion de la consignation provisoire en consignation définitive ;

6° RÉCÉPISSÉ de l'agent de la Caisse des dépôts et consignations pour le complément du prix.

Matériel. — K. Acquisitions et échanges, etc.

§ 2. — IMMEUBLES APPARTENANT À DES MINEURS, INTERDITS, ABSENTS OU INCAPABLES, OU FAISANT PARTIE DE MAJORATS.

Les justifications désignées au paragraphe 1er; *et, de plus:*

1° JUGEMENT autorisant la vente, *en cas de convention amiable;*

2° Justification du REMPLOI, dans le cas où cette mesure serait prescrite, soit par le jugement qui a autorisé la cession amiable, soit par un autre jugement.

§ 3. — IMMEUBLES APPARTENANT À DES FEMMES MARIÉES.

Les justifications désignées au paragraphe 1er;

Et, de plus:

1° ACTE DE MARIAGE (T);

2° *Dans le cas où le mariage est postérieur à la loi du 10 juillet 1850 et où l'acte contient déclaration de contrat:* EXTRAIT (T) DU CONTRAT DE MARIAGE, à l'effet de faire connaître les dispositions relatives au remploi;

Dans le cas où le mariage est antérieur à la loi précitée: EXTRAIT (T) DU CONTRAT, aux effets ci-dessus, ou CERTIFICAT du fonctionnaire qui a passé l'acte de vente, constatant que les époux ont déclaré s'être mariés sans contrat de mariage;

3° ACQUITS de la femme (1) et du mari, ou, à défaut de l'acquit du mari, AUTORISATION du tribunal;

Dans le cas de convention amiable, si l'aliénation ne peut avoir lieu qu'en vertu d'un jugement:

4° JUGEMENT autorisant la vente;

Dans tous les cas où le remploi est prescrit, soit par le contrat de mariage, soit par un jugement, et où l'acquéreur en est responsable:

5° Justification du REMPLOI.

NOTA. Pour les immeubles appartenant à des femmes mariées et dont la valeur en capital n'excède pas 500 francs, la production du contrat de mariage n'est pas exigée, et, lors même que les femmes sont mariées sous le régime dotal, le payement peut être fait sans justification de remploi.

§ 4. — IMMEUBLES APPARTENANT À DES DÉPARTEMENTS, DES COMMUNES OU DES ÉTABLISSEMENTS PUBLICS.

Les justifications mentionnées au paragraphe 1er;

Et, de plus:

DÉLIBÉRATION dûment approuvée du conseil général, ou du conseil municipal, ou de la commission administrative qui a autorisé la vente.

(1) La quittance du mari est suffisante si le régime du mariage est celui de la communauté.

§ 5. — INDEMNITÉS MOBILIÈRES, LOCATIVES OU INDUSTRIELLES.

En cas de convention amiable :

1° CONVENTION (T) dûment approuvée ;

2° QUITTANCE de l'ayant droit.

En cas de règlement par le jury :

1° DÉCISION du JURY suivie de l'ordonnance d'exécution rendue par le magistrat directeur, contenant règlement de l'indemnité et (*s'il y a lieu*) répartition des dépens ;

2° QUITTANCE de l'ayant droit.

L. — LOCATIONS D'IMMEUBLES. (Règlement, art. 39.)

PREMIER PAYEMENT.

1° BAIL (T) dûment approuvé et enregistré, et, de plus, transcrit, lorsque sa durée est de plus de dix-huit ans ;

2° QUITTANCE du propriétaire.

NOTA. Les baux passés au nom de l'administration sont susceptibles d'être enregistrés gratis. Décision du Ministre des finances du 17 septembre 1823.)

PAYEMENTS SUBSÉQUENTS.

1° QUITTANCE du propriétaire.

2° INDICATION du compte et du mandat auxquels le bail a été joint antérieurement, et (*dans le cas où l'immeuble aurait été vendu postérieurement au bail*) :

3° EXTRAIT (T) de l'acte de vente.

NOMENCLATURE DES PIÈCES À PRODUIRE.

CLES PENSE.	ANALYSE DU MODE D'ADMINISTRATION, DE COMPTABILITÉ et de payement.	PIÈCES À PRODUIRE AUX COMPTABLES DU TRÉSOR PUBLIC et aux receveurs principaux des Postes et des Télégraphes à l'appui des ordonnances et mandats de payement.
	Ire SECTION. SERVICE GÉNÉRAL DU MINISTÈRE.	
	CHAPITRE 1er. PERSONNEL DE L'ADMINISTRATION CENTRALE.	
ement inistre.	§ 1er. Le traitement du Ministre n'est pas assujetti à la retenue pour le service des pensions ; il est ordonnancé par douzième.	Acquit du Ministre.
	§ 2. Les frais de premier établissement, alloués dans certains cas aux Ministres, sont réglés, en exécution de la loi du 31 janvier 1833, article 11, par un décret rendu conformément aux dispositions de la loi du 25 mars 1817, article 26.	Expédition du décret qui autorise la dépense. Acquit du Ministre.
ement ıreaux.	§ 3. Cet article comprend les traitements, indemnités, salaires annuels ou journaliers attribués à chaque fonctionnaire, employé ou agent de l'administration centrale du Ministère. Les traitements sont déterminés par un décret ou par un arrêté ministériel ; ils sont payés par mois, à terme échu et sont passibles de la retenue pour le service des pensions civiles. (Loi du 9 juin 1853.) Les indemnités ou salaires sont fixés par un arrêté ministériel. Les états de traitements et d'indemnités sont arrêtés par les chefs de service.	Voir justifications communes : traitements, lettre A, page 81 ; indemnités périodiques, lettre B, page 82 ; salaires, lettre F. p. 83.
mnité ux :nu- aires.	§ 4. Ces indemnités sont allouées par un arrêté ministériel. Elles sont payables par mois, à terme échu.	Voir justifications communes, indemnités périodiques, lettre B, page 82.
nnités travaux tra- aires.	§ 5. Les indemnités pour travaux extraordinaires et gratifications sont allouées par décision ministérielle, et ordonnancées au nom des employés et agents.	Voir justifications communes : indemnités variables, lettre C, page 82 ; gratifications, lettre D, page 83.
	CHAPITRE 2. MATÉRIEL DE L'ADMINISTRATION CENTRALE.	
ais yers.	§ 6. Les loyers sont payés conformément aux clauses des baux qui sont soumis à l'approbation du Ministre.	Voir justifications communes, location d'immeubles, lettre L, page 103. *Et s'il y a lieu :* Certificat délivré par le commissaire répartiteur de l'arrondissement établissant le montant de la contribution à la charge de l'administration.

ARTICLES DE DÉPENSE.	ANALYSE DU MODE D'ADMINISTRATION, DE COMPTABILITÉ et de payement.	PIÈCES À PRODUIRE AUX COMPTABLES DU TRÉSOR PUBLI et aux receveurs principaux des Postes et des Télégraphes à l'appui des ordonnances et mandats de payem
Construction, entretien et renouvellement des bâtiments et du mobilier.	§ 7. Cet article comprend : 1° Les travaux de construction et d'entretien qui sont effectués en vertu de marchés ou à prix de règlement sur devis approuvés ; 2° Les fournitures pour le renouvellement du mobilier ; 3° Les acquisitions d'outils et de matières destinés à l'entretien effectué par des ouvriers payés à la journée sur l'article ci-après : *Fournitures de bureau, salaire des hommes de peine, étrennes à divers, médicaments, menues dépenses*, § 9. Les rapports de liquidation doivent être approuvés par le Ministre. Les meubles sont inscrits à l'inventaire; les outils et matières sont pris en charge par le conservateur du mobilier.	Voir justifications commune travaux, lettre I, page 87; fourn tures, lettre G, pages 83 à 86.
Chauffage et éclairage.	§ 8. Pour les fournitures de bois de chauffage, un inspecteur du combustible de la ville assiste à la livraison et dresse un procès-verbal de pesage et de réception. Les fournitures de bois, charbon, etc. destinés à être consommés dans un très court délai ne donnent pas lieu à une prise en charge. Les fournitures d'huile, de bougies, de chandelles sont prises en charge par un agent spécial du service intérieur, qui certifie également les quantités de gaz consommées.	Voir justifications commune fournitures, lettre G, pages 83 à 8 *Et de plus,* Pour les fournitu de bois : procès-verbal de pesa et de réception de l'inspecteur la ville de Paris.
Fournitures de bureau, salaires des hommes de peine, étrennes à divers, médicaments, menues dépenses, etc.	§ 9. Cet article comprend : 1° Les travaux et fournitures de papeterie, cachets, timbres secs ou humides, etc. Les mémoires sont produits chaque mois. Les objets fournis sont pris en charge par un agent spécialement désigné à cet effet. 2° Les menues dépenses et dépenses accidentelles et imprévues dont l'objet est suffisamment indiqué par leur dénomination ; 3° Les salaires des auxiliaires payés à la journée. Une partie du service est régie par économie, au moyen d'avances faites au caissier des menues dépenses attaché au service du matériel. Les adjudications et marchés pour les fournitures et l'entretien des effets d'habillement sont approuvés par le Ministre. Les fournitures sont prises en charge par le garde-magasin.	Voir justifications commun salaires, lettre F, page 83; fo nitures, lettre G, pages 83 à 8 travaux, lettre I, pages 87 à 9 *Et de plus :* pour les avances fai au caissier des menues dépenses 1° Acquit de cet agent sur l' trait d'ordonnance; 2° Bordereau justificatif de l'e ploi des fonds appuyé des quittan des créanciers réels et des jus cations désignées ci-dessus, suiv la nature des dépenses.
Habillement des sous-agents.	§ 10. L'indemnité représentative des frais d'habillement accordée aux sous-agents par décision ministérielle est ordonnancée chaque mois au nom des ayants droit.	Voir justifications commun indemnités fixes annuelles, lettre page 82.
Impressions.	§ 11. Les impressions sont exécutées à l'Imprimerie Nationale; les tarifs des travaux et fournitures de cet établissement sont fixés chaque année, et servent de règle pour la vérification des mémoires de l'Imprimerie Nationale. Les têtes de lettres et autres impressions, soit lithographiques, soit en caractères mobiles, sont exécutées aux prix courants du commerce. Les fournitures sont prises en charge par l'agent dont il est parlé au paragraphe 9 ci-dessus.	Voir justifications commun impressions fournies par l'Im merie Nationale, lettre H, page et lettre G, pages 83 à 86.

CLES PENSE.	ANALYSE DU MODE D'ADMINISTRATION, DE COMPTABILITÉ et de payement.	PIÈCES À PRODUIRE AUX COMPTABLES DU TRÉSOR PUBLIC et aux receveurs principaux des Postes et des Télégraphes à l'appui des ordonnances et mandats de payement.
	CHAPITRE 3. DÉPENSES DIVERSES DE L'ADMINISTRATION CENTRALE.	
ours.	§ 12. Des secours sont alloués aux veuves et orphelins d'employés décédés sans pension et aux agents nécessiteux, par des décisions ministérielles individuelles ou collectives. Ces secours peuvent être payés à titre d'avances en cas d'urgence, par le caissier des menues dépenses, et sont alors justifiés dans la forme indiquée ci-dessus paragraphe 9.	Voir justifications communes, secours, lettre E, page 83.
	CHAPITRE 4. DÉPENSES DES EXERCICES PÉRIMÉS NON FRAPPÉES DE DÉCHÉANCE.	
enses xercices imés rappées chéance.	§ 13. Les règles spéciales aux dépenses des exercices périmés, qui sont contenues dans les articles 138 à 151, titre VI du règlement, ne modifient en rien la nature et la forme des pièces justificatives à produire à l'appui des payements.	Mêmes justifications que pour les dépenses analogues de l'exercice courant.
	CHAPITRE 5. DÉPENSES DES EXERCICES CLOS.	
enses xercices los.	§ 14. Même observation qu'au paragraphe précédent.	Mêmes justifications que pour les dépenses analogues de l'exercice courant.
	IIe SECTION. FRAIS DE RÉGIE, DE PERCEPTION ET D'EXPLOITATION.	
	CHAPITRE 6. PERSONNEL.	
tements agents et -agents de grades.	§ 15. Cet article comprend les traitements et hautes payes des agents et sous-agents de tous grades du service de l'exploitation, du service technique et des services spéciaux. Les traitements et hautes payes sont passibles de la retenue de 5 p. 0/0 pour le service des pensions civiles. Les états mensuels d'appointements sont arrêtés par les chefs de service.	Voir justifications communes, traitements, lettre A, page 81.
emnités ouées titre aitement.	§ 16. Cet article comprend : 1° Les indemnités aux distributeurs, entreposeurs et agents à terre chargés du service des dépêches dans les stations desservies par les paquebots;	Voir justifications communes, indemnités périodiques, lettre B, page 82.

ARTICLES DE DÉPENSE.	ANALYSE DU MODE D'ADMINISTRATION, DE COMPTABILITÉ et de payement.	PIÈCES À PRODUIRE AUX COMPTABLES DU TRÉSOR PUBLIC et aux receveurs principaux des Postes et des Télégraphes à l'appui des ordonnances et mandats de payement.
Indemnités allouées à titre de traitement. (Suites.)	2° Les indemnités aux surnuméraires ; 3° Les honoraires des médecins et de l'architecte ; 4° La rétribution des agents auxiliaires manipulant et des gérants des bureaux municipaux à indemnité fixe ; 5° Les indemnités aux gardiens d'entrepôts de dépêches. Les états d'indemnités sont arrêtés par les chefs de service. Ces indemnités sont payées par mois et ne sont pas passibles de la retenue pour les pensions civiles. Les honoraires des médecins et de l'architecte sont payés sur états arrêtés par l'Administration.	Voir justifications communes, indemnités périodiques, lettre B, page 82.
Indemnités.	§ 17. Cet article comprend : 1° Les indemnités pour travaux extraordinaires et de nuit réglées par décision ministérielle fixant le temps exigé journellement des agents et sous-agents employés, soit à un service exclusivement postal ou télégraphique, soit à un service mixte. Les décomptes mensuels de ces indemnités sont soumis à l'approbation ministérielle ;	Voir justifications communes, indemnités variables, lettre C, page 82.
	2° Les indemnités qui peuvent être accordées à titre exceptionnel pour frais de séjour à Paris et dans quelques grandes villes ; elles sont fixées par décision ministérielle et payées mensuellement ;	Voir justifications communes, indemnités périodiques, lettre B, page 82.
	3° Les frais de déplacement aux agents des bureaux ambulants, réglés par voyage, d'après un tarif spécial et payés mensuellement sur états dressés par les directeurs de l'exploitation ;	Voir justifications communes, indemnités variables, lettre C, page 82.
	4° Les frais de déplacement des courriers-convoyeurs, payés par mois, sur états arrêtés par les directeurs de l'exploitation.	Voir justifications communes, indemnités périodiques, lettre B, page 82.
	5° Les indemnités et frais de séjour aux agents employés hors de France et aux agents du service des paquebots, payés mensuellement sur états approuvés par l'Administration ;	Mêmes justifications.
	6° Les frais de route à l'aller et au retour et l'indemnité journalière de frais de séjour accordée aux agents déplacés momentanément pour un service d'intérim, et qui sont réglés par une décision ministérielle. Tout déplacement entraîne de droit l'allocation des frais de route, à moins qu'il n'ait été prononcé avec avancement, ou sur la demande de l'intéressé ou par mesure disciplinaire. Les décomptes des sommes à ordonnancer sont arrêtés par les chefs de service et soumis à l'approbation du Ministre.	Voir justifications communes, indemnités variables, lettre C, page 82.
Dépenses de la télégraphie privée.	§ 18. Cet article comprend : 1° Les remises proportionnelles allouées sur les recettes aux comptables des bureaux télégraphiques soumis au cautionnement. Ces remises, dont le taux est fixé par arrêté ministériel, sont payées sur décomptes mensuels, établis par les comptables et arrêtés par les directeurs de l'exploitation ; 2° Les remises aux agents auxiliaires des bureaux secondaires, des bureaux municipaux, des bureaux sémaphoriques, des bureaux d'écluses, etc., à raison du nombre de dépêches transmises ou reçues ; Ces remises sont, comme les précédentes, exemptes de la retenue pour le service des pensions civiles. Leur taux est fixé par arrêté ministériel. Elles sont mandatées mensuellement par les directeurs de l'exploitation.	Voir justifications communes, indemnités variables, lettre C, page 82.

ARTICLES DE DÉPENSE.	ANALYSE DU MODE D'ADMINISTRATION, DE COMPTABILITÉ et de payement.	PIÈCES À PRODUIRE AUX COMPTABLES DU TRÉSOR PUBLIC et aux receveurs principaux des Postes et des Télégraphes à l'appui des ordonnances et mandats de payement.
Dépenses de la télégraphie privée. (Suite.)	3° Les frais d'exprès et de poste, y compris le droit de recommandation pour la remise à domicile des télégrammes en dehors des agglomérations. Les receveurs sont autorisés à prélever le montant de ces frais sur le produit de leurs recettes, et les pièces justificatives de ces dépenses sont versées comme numéraire à la recette principale. Ces pièces sont, après vérification, arrêtées par le directeur de l'exploitation et un mandat de remboursement est délivré par lui sur la caisse du receveur principal qui y annexe les pièces justificatives.	État de frais d'exprès et de poste certifié par le receveur principal, arrêté par le directeur de l'exploitation, appuyé de pièces justificatives: récépissés de la poste, bulletins de chargement, factures, quittances, etc. Quittance du receveur principal.
	CHAPITRE 7. MATÉRIEL.	
Frais de régie et de loyer.	§ 19. Cet article comprend : 1° Les loyers des bureaux de poste, des bureaux de télégraphe et des bureaux mixtes à Paris et dans les départements, y compris la contribution des portes et fenêtres à rembourser aux propriétaires s'il y a lieu;	Voir justifications communes, locations d'immeubles, lettre L, page 103, de plus, s'il y a lieu : certificat délivré à Paris par le commissaire répartiteur de l'arrondissement et dans les départements par les maires, établissant le montant de la contribution à la charge de l'administration.
	2° Les abonnements pour frais de bureau et de déplacement alloués par arrêtés ministériels aux directeurs-ingénieurs et aux inspecteurs-ingénieurs qui leur sont adjoints ainsi qu'aux directeurs de l'exploitation ;	Voir justifications communes, indemnités périodiques, lettre B, page 82.
	3° L'abonnement pour frais de régie accordé aux receveurs des bureaux de télégraphe et aux receveurs des bureaux mixtes composés (Voir art. 37 du règlement) fixé par arrêté ministériel;	Mêmes justifications.
	4° Les frais de régie accordés aux commissaires et sous-commissaires du Gouvernement, aux receveurs des bureaux de poste et aux receveurs des bureaux mixtes simples, à Paris et dans les départements, logés dans des immeubles appartenant à l'Administration ou loués pour son compte. Le taux de ces allocations est réglé par décision ministérielle;	Mêmes justifications.
	5° Les frais de régie et de loyer accordés aux receveurs des bureaux de poste et aux receveurs des bureaux mixtes simples dans les départements, ainsi qu'à certains facteurs-boîtiers, tenus de se loger à leurs frais et de fournir le mobilier nécessaire à l'exploitation (voir art. 38 du règlement);	Mêmes justifications.
	6° Le prix des loyers dus aux compagnies de chemins de fer pour les locaux affectés aux services de l'administration dans les gares et les emplacements occupés par les pavillons nécessaires au service des dépêches, conformément aux conventions approuvées par le Ministre;	Convention (T) relatant l'approbation ministérielle (à joindre seulement au premier mandat); quittance de l'ayant droit.

ARTICLES DE DÉPENSE.	ANALYSE DU MODE D'ADMINISTRATION, DE COMPTABILITÉ et de payement.	PIÈCES À PRODUIRE AUX COMPTABLES DU TRÉSOR PUBLIC et aux receveurs principaux des Postes et des Télégraphes à l'appui des ordonnances et mandats de payement
Frais de régie et de loyer. (Suite.)	7° Les frais de régie fixés par décision ministérielle aux préposés de l'administration dans les gares de chemins de fer;	Voir justifications communes, indemnités fixes annuelles, lettre B, page 82.
	8° Les allocations accordées par décision ministérielle à titre de frais de régie, aux receveurs des bureaux situés hors de France, dans les localités desservies par les paquebots de l'administration;	Mêmes justifications.
	9° Les loyers des bureaux de poste situés à l'étranger dans les différentes stations desservies par les paquebots, acquittés en vertu de baux soumis à l'approbation ministérielle ou réglés au moyen d'indemnités représentatives fixées par le Ministre. L'ordonnancement de ces dépenses a lieu chaque trimestre.	Voir justifications communes : locations d'immeubles, lettre L, page 103; indemnités spéciales, lettre D, page 83.
Part contributive de la France dans les frais généraux du bureau international de Berne.	§ 20. La part contributive de la France dans les frais généraux du bureau international de Berne (Postes et Télégraphes) est acquittée en une seule fois, sur extrait d'ordonnance ministérielle.	Copie des conventions à l'appui du premier payement. Quittance de l'ayant droit.
Construction, entretien et renouvellement des bâtiments et du mobilier.	§ 21. L'autorisation des travaux et fournitures au-dessus de 2,000 francs est donnée par le Ministre; à 2,000 francs et au-dessous, par l'administrateur de la direction technique, délégué par le Ministre. Les adjudications et marchés pour fournitures et travaux sont approuvés par le Ministre ou par son délégué, suivant la distinction établie ci-dessus. Les mémoires sont arrêtés par l'administration, quand les travaux n'ont pas fait l'objet de devis dressés par les directeurs-ingénieurs et approuvés. Les prises en charge du matériel ont lieu conformément aux dispositions des articles du présent règlement.	Voir justifications communes : travaux, lettre I, pages 87 à 90; fournitures, lettre G, pages 83 à 86.
	Des horlogers sont chargés, moyennant un abonnement, de l'entretien de toutes les horloges et pendules des bureaux de Paris. Mêmes observations qu'au paragraphe 7.	Copie (T) des conventions qui ont fixé les abonnements et des cahiers des charges; quittances des ayants droit.
Chauffage et éclairage des bureaux dans Paris.	§ 22. Le chauffage et l'éclairage des bureaux de Paris peuvent être compris dans les marchés passés pour le service de l'administration centrale. Les fournitures sont prises en charge par un agent du matériel. La quantité de gaz consommé chaque jour est constatée au moyen des compteurs, est certifiée par un agent de l'administration, délégué à cet effet. Mêmes observations qu'au paragraphe 8.	Voir justifications communes : fournitures, lettre G, pages 83 à 86, *moins les pièces mentionnées aux nᵒˢ 1, 2, 3 et 4, qui sont jointes aux mandats délivrés par le Ministère au profit des fournisseurs.* Mémoire ou facture (T) dûment vérifié et arrêté, contenant le détail des quantités livrées; quittance de l'ayant droit.

[AR]TICLES [DE] DÉPENSE.	ANALYSE DU MODE D'ADMINISTRATION, DE COMPTABILITÉ et de payement.	PIÈCES À PRODUIRE AUX COMPTABLES DU TRÉSOR PUBLIC et aux receveurs principaux des Postes et des Télégraphes à l'appui des ordonnances et mandats de payement.
[Fou]rnitures [de] bureau, [s]alaires [des] hommes [de] peine, [ét]rennes [et] divers, [méd]icaments, [m]enues [dé]penses.	§ 23. Mêmes observations qu'au paragraphe 9.	Mêmes justifications qu'au paragraphe 9.
[Ch]aussure et [hab]illement des [sou]s-agents [de]s Postes et des [Tél]égraphes.	§ 24. Les adjudications et marchés pour la fourniture et l'entretien des effets d'habillement sont approuvés par le Ministre. Les fournitures sont prises en charge par les gardes-magasins. Les mémoires sont approuvés par l'administration. Une décision ministérielle détermine les catégories de sous-agents habilités aux frais du Trésor et fixe pour chacun le nombre et l'espèce des effets qui leur sont distribués annuellement, ainsi que l'indemnité pour frais de chaussure qui leur est accordée. Elle désigne les sous-agents qui recevront une indemnité de première mise d'habillement, à leur entrée dans leur service, et chaque année une indemnité pour frais d'entretien de tenue. L'indemnité représentative des frais d'habillement et de chaussure accordée aux sous-agents par décision ministérielle leur est payée sur états trimestriels arrêtés par les directeurs de l'exploitation ou par les directeurs-ingénieurs suivant le cas. Les mêmes règles s'appliquent aux fournitures pour l'entretien des boîtes de facteurs, des portefeuilles à chargements et des sacoches de relevage.	Voir justifications communes: fournitures, lettre G, pages 83 à 86; travaux, lettre I, pages 87 à 90, et indemnités périodiques, lettre B, page 82.
[Im]pressions, [pap]ier-bande, [fo]rmules [et e]nveloppes pour [télé]grammes.	§ 25. Les impressions nécessaires au service des Postes et Télégraphes comprennent : Les impressions exécutées par l'Imprimerie Nationale; Les cartes des postes et celles des télégraphes; tous autres imprimés ou objets de papeterie assimilés aux imprimés et dont l'exécution est confiée à l'industrie privée, sur la demande de l'administration centrale ou sur celle des directeurs-ingénieurs pour les fournitures dont ces fonctionnaires sont chargés d'assurer l'approvisionnement sur place. Les adjudications ou marchés passés pour cet objet sont approuvés par le Ministre ou par son délégué, suivant la distinction établie ci-dessus, § 21. Les adjudications de fournitures de papier-bande pour le service télégraphique sont approuvées par le Ministre.	Voir justifications communes: fournitures de l'Imprimerie Nationale, lettre H (*moins le n° 3*), page 87. Pour les autres impressions et pour la gravure de la carte, fournitures, lettre G, pages 83 à 86.
[Co]nfection des [timb]res-poste, des [cart]es postales et des cartes-[télé]grammes.	§ 26. Cet article comprend : 1° Les salaires des ouvriers employés à la fabrication des timbres-poste ; 2° Le prix des fournitures de toutes les matières premières ; 3° L'entretien des machines et du local servant à la fabrication. Les adjudications de fournitures et marchés pour le service des timbres-poste sont approuvés par le Ministre. Une partie des dépenses est régie par économie, au moyen d'avances faites au caissier des menues dépenses attaché au service du matériel.	Voir justifications communes: salaires, lettre F, page 83; fournitures, lettre G, pages 83 à 86; travaux, lettre I, pages 87 à 90. Et de plus, pour les avances faites au caissier des menues dépenses : 1° Acquit de cet agent sur l'extrait d'ordonnance; 2° Bordereau justificatif de l'emploi des fonds, appuyé des quittances des créanciers réels et des justifications désignées ci-dessus, suivant la nature des dépenses.

ARTICLES DE DÉPENSE.	ANALYSE DU MODE D'ADMINISTRATION, DE COMPTABILITÉ et de payement.	PIÈCES À PRODUIRE AUX COMPTABLES DU TRÉSOR PUBL[IC] et aux receveurs principaux des Postes et des Télégraphes à l'appui des ordonnances et mandats de payem[ent]
Confection et entretien des sacs à dépêches du service des bureaux ambulants.	§ 27. La fourniture des sacs servant au transport des dépêches et les fournitures diverses pour l'entretien des sacs à dépêches effectué par les ouvriers attachés au service du matériel font l'objet d'un marché ou d'une adjudication soumis à l'approbation du Ministre.	Voir justifications commun[es] fournitures, lettre G, pages [83] à 86.
Confection et entretien des boîtes urbaines dans les départements.	§ 28. Cet article comprend : Les dépenses relatives à la confection des boîtes aux lettres dans les départements : L'entretien de ces mêmes boîtes.	Mémoire (T) vérifié et arr[êté] par le directeur-ingénieur; Quittance de l'ayant droit. État récapitulatif n° 925 *bis* dr[essé] par le directeur du départem[ent] approuvé par l'administration. Quittance de l'ayant droit.
Transports généraux et emballages.	§ 29. Cet article comprend : Les transports et camionnages du matériel qui sont exécutés en vertu de traités approuvés par le Ministre; L'achat des matières premières nécessaires à l'emballage.	Voir justifications commune[s] transports, lettre J, pages 91 à 9[.] et fournitures, lettre G, pages [8]3 à 86.
Construction et entretien des voitures de l'Administration des Postes dans Paris.	§ 30. Les adjudications et marchés passés pour la construction et l'entretien des voitures de l'administration dans Paris, sont approuvés par le Ministre. Les voitures fournies sont reçues par procès-verbal au nom de l'administration, et prises en charge par l'entrepreneur, aux termes de son marché.	Voir justifications commune[s] travaux, lettre I, pages 87 à 90. *Pour l'entretien :* État de décompte des distanc[es] parcourues, approuvé par l'adm[i]nistration.
Construction et entretien des bureaux ambulants et des allèges.	§ 31. Cet article comprend : La construction et l'entretien des bureaux ambulants et des allèges; La fourniture des appareils d'éclairage et de chauffage : La fourniture et l'entretien des chronomètres. Les adjudications et marchés sont approuvés par le Ministre. Les mémoires sont arrêtés par l'administration.	Voir justifications commune[s] travaux, lettre I, pages 87 à 90.
Chauffage et éclairage des bureaux ambulants.	§ 32. Les frais de chauffage sont payés aux fournisseurs sur la production de mémoires ou remboursés aux directeurs des bureaux ambulants. L'adjudication du service de l'éclairage est approuvée par le Ministre. La durée de l'éclairage est constatée par les agents des bureaux ambulants au moyen de bulletins déclaratifs qui servent à établir le chiffre de la dépense.	Quittance de l'ayant droit. Voir justifications commune[s] fournitures, lettre G, pages 83 à 8[6]. *Plus pour l'éclairage :* État de compte dressé mensuellement d[û]ment arrêté.

ARTICLES DÉPENSE.	ANALYSE DU MODE D'ADMINISTRATION, DE COMPTABILITÉ et de payement.	PIÈCES A PRODUIRE AUX COMPTABLES DU TRÉSOR PUBLIC et aux receveurs principaux des Postes et des Télégraphes à l'appui des ordonnances et mandats de payement.
Frais e conduite es voitures l'adminis- tration ans Paris.	§ 33. Les adjudications et marchés pour la conduite des voitures de l'administration dans Paris sont approuvés par le Ministre.	Voir justifications communes, fournitures, lettre G, pages 83 à 86. *Plus :* État de décompte des distances parcourues.
ransports s dépêches entreprise n voiture, à cheval t à pied.	§ 34. Lorsque le transport des dépêches par terre est exécuté par des entrepreneurs, la concession a lieu par adjudication publique. Les adjudications ou marchés sont approuvés par le Ministre et les dépenses arrêtées et mandatées par les directeurs de l'exploitation.	Extrait du procès-verbal de l'adjudication ou du marché dûment approuvé par le Ministre et portant mention de l'enregistrement; certificat constatant l'exécution du service arrêté par le directeur de l'exploitation; quittance de l'ayant droit.
	Des transports à pied sont en outre exécutés par des sous-agents moyennant des indemnités spéciales fixées par l'administration et mandatées par les directeurs de l'exploitation au nom d'un agent chargé d'en faire la répartition. Ces transports peuvent être effectués, partie à pied, partie en chemin de fer, sans que l'imputation de la dépense en soit modifiée.	Décision ministérielle ; État de répartition dûment émargé par les parties prenantes, certifié par l'agent au nom duquel le mandat a été délivré et arrêté par le directeur de l'exploitation; quittance sur le mandat de l'agent chargé de la distribution.
	Des marchés provisoires sont passés par l'administration en cas de création ou d'abandon de service ou de résiliation par mesure disciplinaire, en attendant le résultat des adjudications.	Décision ministérielle, indiquant les conditions et portant le décompte des services faits; quittance de l'ayant droit.
	La dépense du solde revenant aux offices étrangers pour transports de dépêches, effectués par le service de ces offices sur le territoire français, est également imputée sur le crédit ouvert au présent article. La dépense résultant de ces services est réglée par des conventions diplomatiques.	*A l'appui du premier mandat,* convention. État des sommes que se doivent réciproquement les offices en raison des distances parcourues sur leurs territoires respectifs, relatant la convention et approuvé par décision ministérielle; quittance suivant les termes de la convention.
Transports s dépêches ar chemins de fer.	§ 35. Le prix des transports des bureaux ambulants est fixé à forfait ou en raison des distances parcourues, conformément aux clauses du cahier des charges des compagnies de chemins de fer.	Copie ou extrait du cahier des charges; mémoire (T) portant l'approbation ministérielle; quittance de l'ayant droit.
	Des conventions particulières approuvées par le Ministre, fixent également, suivant le parcours effectué, les frais de transport des correspondances de l'Inde et de l'Australie et des bureaux ambulants supplémentaires, par convois ordinaires ou par trains spéciaux.	Décision ministérielle qui règle le prix des transports par trains ordinaires ou spéciaux; mémoire (T) portant l'approbation ministérielle; quittance des ayants droit.

ARTICLES DE DÉPENSE.	ANALYSE DU MODE D'ADMINISTRATION, DE COMPTABILITÉ et de payement.	PIÈCES À PRODUIRE AUX COMPTABLES DU TRÉSOR PUBLIC et aux receveurs principaux des Postes et des Télégraphes à l'appui des ordonnances et mandats de payement
Transports des dépêches par chemins de fer. (Suite.)	Les compagnies transportent également en vertu de conventions spéciales approuvées par le Ministre, des dépêches sur les lignes où il n'existe ni bureaux ambulants ni courriers-convoyeurs.	Décision ministérielle; Copie certifiée de la convention (*s'il y a lieu*); décompte des services faits; quittance de l'ayant droit.
Transports des dépêches par mer.	§ 36. Mêmes règles que pour les transports par terre.	Mêmes justifications qu'au paragraphe 34.
Transports des dépêches provenant des paquebots.	§ 37. Mêmes règles que pour les transports par terre et par mer.	Mêmes justifications qu'au paragraphe 34.
Frais extraordinaires du transport des dépêches par terre.	§ 38. Cet article comprend : 1° Les frais de transports effectués en dehors des conditions ordinaires des marchés;	Mémoire (T) dûment approuvé, quittance de l'ayant droit.
	2° Les indemnités accordées aux agents de l'administration blessés dans l'exercice de leurs fonctions et aux particuliers victimes d'accidents occasionnés par les voitures;	Voir justifications communes, indemnités spéciales, lettre D, page 83.
	3° Les étrennes allouées à divers;	Mêmes justifications.
	4° Les autres dépenses imprévues résultant du service du transport des dépêches par la voie de terre. Les mémoires sont arrêtés par l'administration.	Justifications diverses, selon la nature de chaque dépense.
Frais extraordinaires du transport des dépêches par entreprise.	§ 39. Cet article comprend : 1° Les indemnités accordées en exécution des cahiers des charges aux entrepreneurs de transport, en cas de résiliation de marché ou de changement de mode d'exploitation. Ces indemnités sont soumises à l'approbation du Ministre.	Décision ministérielle qui fixe l'indemnité; quittance de l'ayant droit.
	2° Les indemnités représentant les frais extraordinaires occasionnés par une surcharge de poids des correspondances pour les services effectués à pied et à cheval, ou par une déviation momentanée de la route ordinaire. Ces indemnités sont, comme les précédentes, soumises à l'approbation du Ministre.	État dressé par le receveur, visé par le directeur de l'exploitation, et approuvé par décision ministérielle; quittance de l'ayant droit.
Frais extraordinaires du transport des dépêches par chemins de fer.	§ 40. Cet article comprend : 1° Le transport, par suite du manque de coïncidence des trains, ou d'événements imprévus, des dépêches et des agents chargés de les accompagner; 2° Les indemnités aux agents auxiliaires, etc.; 3° Les indemnités accordées aux agents employés au service de a manipulation et au transport des dépêches par la voie de fer, lessés dans l'exercice de leurs fonctions; 4° Toutes les dépenses éventuelles se rattachant au transport des dépêches sur les chemins de fer. Les états de frais et mémoires sont arrêtés par l'administration.	Justifications diverses selon la nature des dépenses. (*Voir les dépenses analogues comprises dans les paragraphes ci-dessus.*)

RTICLES DÉPENSE.	ANALYSE DU MODE D'ADMINISTRATION, DE COMPTABILITÉ et de payement.	PIÈCES À PRODUIRE AUX COMPTABLES DU TRÉSOR PUBLIC et aux receveurs principaux des Postes et des Télégraphe à l'appui des ordonnances et mandats de payement.
Frais xtraordi-naires transport dépêches rovenant des quebots.	§ 41. Les frais de convois spéciaux pour le transport des dépêches provenant des paquebots sont réglés, soit d'après le tarif des compagnies, soit d'après des conventions spéciales.	Décision ministérielle qui règle le prix des transports par trains spéciaux; mémoire (T) portant l'approbation ministérielle; quittance de l'ayant droit.
	Les frais de transbordement des dépêches, dans le cas où ils sont avancés par les agents, leur sont remboursés sur la production d'états certifiés par eux et visés par les commissaires du Gouvernement.	États de frais dûment visés, appuyés, *s'il y a lieu*, de pièces justificatives, factures, quittances, etc.; quittances des ayants droit.
	Sont remboursés de la même façon à l'agent des postes à bord, les frais qui résultent de l'expédition des dépêches à destination des ports d'arrivée, lorsque, par suite du mauvais temps, les paquebots se trouvent forcés de relâcher dans d'autres ports du littoral.	États de frais dûment visés, appuyés, *s'il y a lieu*, de pièces justificatives, factures, quittances, etc.; quittance des ayants droit.
	En cas d'accidents, de naufrages, etc., il est alloué à l'agent des postes une indemnité fixée par décision ministérielle.	Voir justifications communes, indemnités spéciales, lettre D, page 83.
	Les frais de transport des dépêches provenant des paquebots en dehors des services réguliers sont également compris dans cet article.	État de frais (T) visé par le commissaire du Gouvernement et portant l'approbation du Ministre, appuyé, *s'il y a lieu*, des pièces justificatives, factures, quittances, etc.; quittance de l'ayant droit.
Achat, itretien, aration et placement apparcils les piles; retien des aux et du obilier, lacement s bureaux ur cause de 1 de bail ou grandissement.	§ 42. Cet article comprend les frais de toute sorte (*matériel, salaires et frais accessoires*) faits à Paris (*poste central*) et dans les départements (*celui de la Seine compris*) pour: L'entretien, la réparation et le remplacement des appareils; L'entretien des piles, du mobilier et des locaux (*ces deux dernières dépenses comprennent celles afférentes au mobilier et aux locaux des bureaux mixtes composés*); Les fournitures diverses (*huile, linge pour les appareils, encre oléique, etc.*); Les frais de déplacement et de réinstallation de bureaux pour cause d'expiration de baux ou d'agrandissement de locaux. Les dépenses annuelles d'entretien des bureaux font l'objet de propositions soumises à l'administration à la fin de chaque année, pour l'année suivante, par les directeurs-ingénieurs sur leurs états de situation.	Voir justifications communes suivant la nature des dépenses: indemnités spéciales, lettre D, page 83; salaires, lettre F, page 83; fournitures, lettre G, pages 83 à 86; travaux, lettre I, pages 87 à 90. *Et de plus*, pour les dépenses faites en régie: 1° Acquit du régisseur-comptable sur l'extrait d'ordonnance ou le mandat. 2° Bordereau justificatif de l'emploi des fonds, appuyé des quittances des créanciers réels et des justifications désignées ci-dessus, suivant la nature des dépenses.

ARTICLES DE DÉPENSE.	ANALYSE DU MODE D'ADMINISTRATION, DE COMPTABILITÉ et de payement.	PIÈCES A PRODUIRE AUX COMPTABLES DU TRÉSOR PUBLIC et aux receveurs principaux des Postes et des Télégraphes à l'appui des ordonnances et mandats de payement.
Achat, entretien, réparation et remplacement des appareils et des piles; entretien des locaux et du mobilier, déplacement des bureaux pour cause de fin de bail ou d'agrandissement. (Suite.)	Les adjudications et marchés pour fournitures et travaux d'entretien doivent être approuvés par le Ministre, d'après les règles posées aux articles du présent règlement. Les prises en charge ont lieu conformément aux dispositions des articles. Celles des dépenses d'entretien qui doivent être faites en régie sont soumises aux règles communes rappelées dans les articles.	Voir justifications communes suivant la nature des dépenses : indemnités spéciales, lettre D, page 83; salaires, lettre E, page 83; fournitures, lettre G, pages 83 à 86 ; travaux, lettre I, pages 87 à 90 ; *Et de plus*, pour les dépenses faites en régie : 1° Acquit du régisseur-comptable sur l'extrait d'ordonnance ou le mandat; 2° Bordereau justificatif de l'emploi des fonds, appuyé des quittances des créanciers réels et des justifications désignées ci-dessus, suivant la nature des dépenses.
Création de nouveaux bureaux (Achat des appareils et accessoires, installation).	§ 43. Cet article comprend, outre l'achat des appareils et accessoires nécessaires aux bureaux nouveaux, les travaux relatifs à l'installation. Chaque travail neuf fait l'objet d'un mémoire de proposition ou *devis spécial*, soumis par le chef du service technique régional à l'approbation de l'administration. Les crédits nécessaires sont ensuite délégués au fur et à mesure des besoins et sur la demande de l'agent chargé de diriger l'exécution des travaux.	Voir justifications communes : fournitures, lettre G, pages 83 à 86 ; travaux, lettre I, pages 87 à 90 ; *Et de plus*, pour les dépenses faites en régie : Voir justifications au paragraphe précédent.
Construction et entretien des lignes aériennes.	§ 44. Cet article comprend : 1° Les translations et établissements de lignes sur les chemins de fer nouvellement exploités ; La construction de nouvelles lignes principales et pose de nouveaux fils ; L'établissement de nouvelles lignes avec le concours des localités intéressées ; L'établissement de lignes d'intérêt privé ; 2° Les dépenses de matériel (*poteaux, fils, isolateurs, etc.*) nécessitées par l'entretien des lignes ; Les frais de main-d'œuvre (*Salaires et indemnités journalières des ouvriers commissionnés et non commissionnés, indemnités de déplacement et de découcher des ouvriers commissionnés, des chefs d'équipe, surveillants, etc., transports, menues dépenses diverses*). Voir pour les propositions de travaux d'entretien à exécuter annuellement le § 42 ci-dessus. Voir les observations concernant les travaux neufs § 43 ci-dessus.	Mêmes justifications qu'au § 42 ci-dessus.

TICLES ÉPENSE.	ANALYSE DU MODE D'ADMINISTRATION, DE COMPTABILITÉ et de payement.	PIÈCES A PRODUIRE AUX COMPTABLES DU TRÉSOR PUBLIC et aux receveurs principaux des Postes et des Télégraphes à l'appui des ordonnances et mandats de payement.
struction ntretien s lignes éciales.	§ 45. Cet article comprend : L'établissement de nouvelles lignes souterraines ; Le complément du réseau pneumatique ; Le remplacement des câbles ou portions de câbles défectueux, les fouilles pour la recherche des dérangements, etc ; L'entretien et la réparation des appareils pneumatiques et de leurs organes accessoires, en général toutes les dépenses de matériel des lignes souterraines, pneumatiques et sous-marines ; Les frais d'entretien (*personnel et matériel*) des navires de l'administration chargés des réparations et de la surveillance de la télégraphie sous-marine ; Les frais de main-d'œuvre et d'outillage des usines où sont confectionnés et réparés les câbles. Toutes ces dépenses sont arrêtées par le directeur-ingénieur régional et mandatées dans la limite des crédits accordés.	Mêmes justifications qu'au § 42.
épenses iverses de la graphie.	§ 46. Cet article comprend : 1° Les dépenses relatives aux cours d'instruction, les frais de publication du bulletin officiel, l'entretien de la bibliothèque ; 2° Les dépenses de la télégraphie militaire (*habillement, équipement, matériel, exercices d'instruction*) ; 3° Les salaires et indemnités des mécaniciens auxiliaires et des ouvriers d'équipe ou d'atelier ; 4° Les frais de missions et de route imputables sur les fonds du matériel ; 5° Les dépenses relatives aux études et au perfectionnement des appareils ; Les travaux d'entretien sont exécutés en vertu d'adjudications ou marchés approuvés par le Ministre. Les indemnités et frais de missions sont fixés par une décision ministérielle. Les salaires sont payés sur états dressés par les directeurs-ingénieurs et soumis à l'approbation ministérielle. Les dépenses faites en régie sont soumises aux règles communes.	Voir justifications communes : indemnités périodiques, lettre B, page 82 ; indemnités variables, lettre C, page 82 ; salaires, lettre F, page 83 ; fournitures, lettre G, pages 83 à 86 ; travaux, lettre I, pages 87 à 90. *Et de plus*, pour les dépenses faites en régie : Voir justifications, § 42.

ARTICLES DE DÉPENSE.	ANALYSE DU MODE D'ADMINISTRATION, DE COMPTABILITÉ et de payement.	PIÈCES À PRODUIRE AUX COMPTABLES DU TRÉSOR PUBLIC et aux receveurs principaux des Postes et des Télégraphes à l'appui des ordonnances et mandats de payement
	CHAPITRE 8. DÉPENSES DIVERSES.	
Secours.	§ 47. Des secours peuvent être accordés aux agents et sous-agents des services de l'exploitation postale et télégraphique, et du service technique, ainsi qu'aux anciens agents et sous-agents de ces mêmes services, à leurs veuves et orphelins. Le montant des secours est fixé par décision ministérielle individuelle ou collective.	Voir justifications communes, secours, lettre E, page 83.
Frais de tournées, de missions et de voyages extra-ordinaires.	§ 48. Cet article comprend : 1° L'abonnement pour frais de tournées alloué aux contrôleurs, sous-inspecteurs et inspecteurs et brigadiers-facteurs ; 2° Les frais de missions et de voyages extraordinaires effectués sur un ordre de l'administration. Ces indemnités sont liquidées sur états dressés par les ayants droit, arrêtés par les chefs de service et approuvés par le Ministre. Les dépenses désignées au 1ᵉʳ alinéa sont payées mensuellement.	Voir justifications communes, indemnités variables, lettre C, page 83.
Frais judiciaires et condamnations prononcées contre l'administration.	§ 49. Cet article comprend : Les frais mis ou tombés à la charge de l'État par suite de condamnation ou de l'insolvabilité des parties adverses;	État de frais (T) dûment taxé ou exécutoire de dépens (T); Jugement (T) intervenu; Procès-verbal de carence, en cas d'insolvabilité des parties; quittances des ayants droit.
	Les frais relatifs à la résiliation des baux des bureaux de l'exploitation;	Mémoires (T) dûment vérifiés et arrêtés; Quittances des ayants droit.
	Les honoraires des avocats et avoués employés par l'administration.	Décisions ministérielles fixant les honoraires d'avoué et d'avocat; Quittances des ayants droit.

TICLES DÉPENSE.	ANALYSE DU MODE D'ADMINISTRATION, DE COMPTABILITÉ et de payement.	PIÈCES À PRODUIRE AUX COMPTABLES DU TRÉSOR PUBLIC et aux receveurs principaux des Postes et des Télégraphes à l'appui des ordonnances et mandats de payement.
Solde s comptes n faveur des offices trangers. (Poste.) Décimes de e de mer.	§ 50. Cet article comprend :	
	1° Le solde dû par l'administration aux offices étrangers suivant le compte établi aux termes des traités passés avec lesdits offices;	Résumé des comptes arrêtés par l'administration et acceptés par les divers offices; Quittances des commissaires de ces offices.
	2° Les frais de timbre à l'extraordinaire des traites envoyées par les offices étrangers, dans le cas où le solde du compte est en faveur de l'administration.	État de déboursés, certifié par le receveur principal de la Seine, arrêté par l'administration; Quittance du receveur principal.
	3° L'indemnité (dite *décime de voie de mer*) allouée aux capitaines de navires français et étrangers pour le transport des correspondances. Le receveur qui reçoit ou livre les correspondances acquitte ces indemnités des deniers de la caisse, sauf régularisation ultérieure.	Relevé du nombre et du poids des lettres et imprimés transportés certifié par le receveur, vu et vérifié par le Directeur de l'exploitation, et appuyé des quittances des capitaines de navires.
Dépenses cidentelles.	§ 51. Il est alloué au gardien de l'intendance sanitaire de Marseille une indemnité exempte de retenue, réglée par l'administration, pour le transport des lettres purifiées à la Recette de cette ville, et pour la distribution à bord des lettres adressées aux passagers des navires en quarantaine. Cette indemnité est payée par mois sur mandat du Directeur de l'exploitation.	Voir justifications communes, indemnités périodiques, lettre B, page 82.
	Cet article comprend également les dépenses de remboursements pour perte de valeurs déclarées, mandats payés sur faux acquit, valeurs dont le recouvrement est confié à la Poste, les indemnités dues pour perte d'objets recommandés. Ces dépenses sont approuvées par le Ministre.	Décision ministérielle; quittance de l'ayant droit.
	Toutes les dépenses exceptionnelles de l'exploitation non spécifiées au budget rentrent dans la catégorie des dépenses accidentelles.	Mêmes justifications que pour les dépenses analogues.

8...

ARTICLES DE DÉPENSE.	ANALYSE DU MODE D'ADMINISTRATION, DE COMPTABILITÉ. et de payement.	PIÈCES À PRODUIRE AUX COMPTABLES DU TRÉSOR PUBLIC et aux receveurs principaux des Postes et des Télégraphes à l'appui des ordonnances et mandats de payement
Frais d'aide aux receveurs, aux entreposeurs et aux agents embarqués.	§ 52. Les indemnités allouées à titre de frais d'aide aux receveurs des bureaux simples et aux préposés sont fixées par décision ministérielle, et mandatées mensuellement sur états arrêtés par les directeurs de l'exploitation. Les frais d'aide à bord aux agents embarqués sont également fixés par décision ministérielle. Ces allocations sont exemptes de retenues.	Voir justifications communes, indemnités périodiques, lettre B, page 82.
Indemnité de service effectif à la mer.	§ 53. Une indemnité fixe par jour à titre d'indemnité de service à la mer, représentative des frais de séjour, de bureau et de table, dont le taux est fixé par arrêté ministériel, est accordée à chacun des agents des Postes embarqués à bord des paquebots ; mais elle ne leur est due qu'à raison de leur séjour à bord ou à l'étranger.	Voir justifications communes, indemnités variables, lettre C, page 83.
Frais de premier établissement.	§ 54. Des indemnités pour frais de premier établissement peuvent être allouées par décision ministérielle aux receveurs, facteurs-boîtiers et aux facteurs.	Voir justifications communes, indemnités spéciales, lettre D, page 83.
	CHAPITRE 9. SUBVENTIONS.	
Subventions aux compagnies concessionnaires du transport des dépêches par des services maritimes.	§ 55. Les services maritimes des transports des dépêches sont concédés directement à des compagnies, au moyen de subventions payées par l'État. Des lois et des règlements spéciaux fixent les conditions de chaque concession.	Exemplaire du *Bulletin des lois*, extrait (T) ou copie (T) des marchés ou conventions; Certificat de réalisation du cautionnement; Certificat du commissaire du Gouvernement constatant l'exécution du service; Quittance de l'ayant droit ou du représentant de la compagnie concessionnaire.

[AR]TICLES [DE] DÉPENSE.	ANALYSE DU MODE D'ADMINISTRATION, DE COMPTABILITÉ et de payement.	PIÈCES À PRODUIRE AUX COMPTABLES DU TRÉSOR PUBLIC et aux receveurs principaux des Postes et des Télégraphes à l'appui des ordonnances et mandats de payement.
	III° SECTION, REMBOURSEMENTS ET RESTITUTIONS.	
	CHAPITRE 10. REMBOURSEMENTS SUR PRODUITS DES POSTES ET DES TÉLÉGRAPHES.	
[Re]stitutions de [s]ommes [in]dûment [pe]rçues.	§ 56. Les restitutions de droits indûment perçus sont autorisées par décisions ministérielles. Il en est de même des restitutions imputables sur le produit des recettes accidentelles effectuées au profit du Trésor pour frais d'exprès, abonnement au Bulletin mensuel, prix des boîtes urbaines ou rurales. Les décisions prises à cet égard doivent constater que la recette a été effectuée.	Décision ministérielle constatant, *s'il y a lieu*, la recette qui a dû être préalablement effectuée; Quittance de l'ayant droit.
	Les retenues prononcées par l'administration sur les salaires des entrepreneurs des services, pour amendes ou retards constatés, ne sont restituées qu'en vertu de décisions ministérielles.	Décision ministérielle autorisant le remboursement; Quittance de l'ayant droit.
Rem[bou]rsements aux offices [é]trangers sur [le] produit brut de la [té]légraphie privée.	§ 57. Le règlement réciproque des comptes avec les offices étrangers a lieu à l'expiration de chaque mois. Le décompte et la liquidation du solde se font à la fin de chaque trimestre. Le solde résultant de la liquidation est payé à l'État créditeur en francs effectifs. (Art. 57 et 58 de la Convention internationale du 14 janvier 1872.) Les remboursements sont autorisés par le Ministre. Les décisions ministérielles doivent toujours exprimer que la somme dont le remboursement est accordé à été portée en recette au budget.	Copie de la convention, *à l'appui du premier payement*; Décision ministérielle constatant que la somme remboursée a été portée en recette au budget; Pièces justificatives des droits liquidés, *lorsque la restitution est de nature à en nécessiter;* Quittance de l'ayant droit.

ARTICLES DE DÉPENSE.	ANALYSE DU MODE D'ADMINISTRATION, DE COMPTABILITÉ et de payement.	PIÈCES À PRODUIRE AUX COMPTABLES DU TRÉSOR PUBLIC et aux receveurs principaux des Postes et des Télégraphes à l'appui des ordonnances et mandats de payement.
	CHAPITRE 14. RÉPARTITION DES PRODUITS D'AMENDES.	
Prélèvement sur le produit des amendes encourues pour transport frauduleux de lettres.	§ 58. Aux termes des articles 5 de l'arrêté du 27 prairial an IX et 22 de la loi du 22 juin 1854, les individus qui se livrent au transport illicite des correspondances sont passibles d'une amende, sauf transaction autorisée par l'ordonnance du 17 février 1843. Suivant l'article 8 de l'arrêté précité, un tiers de l'amende appartient à l'hospice du lieu où la saisie a été opérée, un autre tiers, par portions égales, à ceux qui ont découvert ou dénoncé la fraude, et le dernier tiers au Trésor, ainsi que le décime pour franc sur la totalité de l'amende. Le payement des deux premiers tiers attribués, constitue la dépense qui figure à ce titre au budget.	Extrait du jugement qui a prononcé la condamnation; Décision ministérielle qui a autorisé la répartition; État de répartition; Quittance à souche du receveur de l'hospice, pour la part revenant à cet établissement; Quittance du conseil d'administration de la compagnie de gendarmerie, autorisé à recevoir, *pour la part des gendarmes saisissants;* Quittances des autres ayants droit, *pour leur part respective.*

Arrêté à Paris, le 15 octobre 1880.

Le Ministre des Finances,

Signé : J. MAGNIN.

Le Ministre des Postes et des Télégraphes.

Signé : AD. COCHERY.

Approuvé :

Le Président de la République,

Signé : JULES GRÉVY.

MODÈLES

ANNEXÉS AU RÈGLEMENT.

MINISTÈRE
DES POSTES
ET DES TÉLÉGRAPHES.

DIVISION
DE LA COMPTABILITÉ.

BUREAU
DE L'ORDONNANCEMENT.

MODÈLE N° 1.

Art. 9 du Règlement
du 15 octobre 1880.

EXERCICE 18 .

Nomenclature des dépenses du ministère des Postes et des Télégraphes, indiquant l'ordre suivant lequel ces dépenses doivent être classées, tant pour la délivrance des ordonnances et des mandats de payement que pour l'établissement du compte partiel de chaque branche de service et du compte général de l'exercice.

DÉSIGNATION DES SERVICES ET DES DÉPENSES.	
CHAPITRES SPÉCIAUX (1).	ARTICLES ET PARAGRAPHES.
	Ire SECTION. SERVICE GÉNÉRAL DU MINISTÈRE.
1. Personnel de l'Adon centrale....	ART. 1er. — Traitement du Ministre.
	— 2. — Traitements des bureaux.
	— 3. — ....
2. Matériel de l'Adon centrale.....	ART. 1er. — Frais de loyer................
	— 2. — ....
3. Dépenses diverses de l'Administration centrale. Art. unique. Secours.	
4. Dépenses des exercices périmés non frappées de déchéance..................	
5. Dépenses des exercices clos..	
	IIe SECTION. FRAIS DE RÉGIE, DE PERCEPTION ET D'EXPLOITATION.
6. Personnel...................	ART. 1er. — Traitements.
	— 2. — ....
	— 3. — ....
7. Matériel....................	ART. 1er. — Service administratif.
	— 2. — ....
	— 3. — ....
8. Dépenses diverses............	ART. 1er. — Secours à des agents et sous-agents, etc.
	— 2. — ....
9. Subventions..................	ART. 1er — ....
	— 2. — ....
	IIIe SECTION. REMBOURSEMENTS ET RESTITUTIONS.
10. Remboursement.	ART. 1er........................
11. Répartition de produits d'amendes.	ART. 1er........................

(1) L'ordre des chapitres, articles et paragraphes est celui adopté dans la nomenclature qui précède (pages 105 à 122).

MINISTÈRE
[D]ES POSTES
[ET D]ES TÉLÉGRAPHES.

DIVISION
[DE] LA COMPTABILITÉ.

BUREAU
[DE] L'ORDONNANCEMENT.

EXERCICE 18 .

MODÈLE N° 2.

Art. 22 du Règlement
du 15 octobre 1880.

BORDEREAU N°

des sommes reversées dans les caisses du Trésor en atténuation des payements effectués sur ordonnances du Ministre des Postes et des Télégraphes ou sur mandats des ordonnateurs secondaires, et qui sont à rétablir au crédit du budget de l'exercice 18 .

[C]HAPITRES DU BUDGET.		ORDONNANCES OU MANDATS.				CAISSES DU TRÉSOR où les reversements ont été effectués.	DATES des RÉCÉPISSÉS.	MONTANT des REVERSEMENTS.	MOTIFS des RÉTABLISSEMENTS au crédit du budget.
[NU]-[MÉR]OS.	Titres.	NUMÉROS.	DATES.	TITULAIRES de créances ou de délégations.	MONTANT primitif.				
					TOTAL.....................				

VÉRIFIÉ :

Le Chef de bureau,

ARRÊTÉ le présent bordereau à la somme de

à rétablir au crédit du budget de l'exercice 18 .

Paris, le 18 .

Pour le Ministre des Postes et des Télégraphes :

L'Administrateur,

DIVISION
DE LA COMPTABILITÉ.

BUREAU
DE L'ORDONNANCEMENT.

EXERCICE 18 .

Modèle n° 3.

Art. 24 du Règlement
du 15 octobre 1880.

MINISTÈRE DES POSTES ET DES TÉLÉGRAPHES.

Demande de fonds de distribution pour le mois d   18   .

NUMÉROS des chapitres du budget.	DÉSIGNATION DES SECTIONS ET DES CHAPITRES.	CRÉDITS ouverts par la loi de budget ou par des dispositions spéciales.	MONTANT DES CRÉDITS mis en distribution depuis l'ouverture de l'exercice.	MONTANT DES ORDONNANCES DÉLIVRÉES OU À DÉLIVRER jusqu'à la fin du mois courant.			COMPARAISON DES CRÉDITS DE DISTRIBUTION avec les ordonnances délivrées ou à délivrer jusqu'à la fin du mois courant.		CRÉDITS reconnus nécessaires pour les dépenses du mois prochain.	RÉSULTATS DEVANT SERVIR DE BASE au prochain décret de distribution.		OBSERVATIONS.
				Ordonnances de payement ou de délégation délivrées depuis l'ouverture de l'exercice jusqu'au 25 courant.	Sommes présumées nécessaires pour les dépenses à ordonnancer jusqu'à la fin du mois courant.	TOTAL.	Restes disponibles sur les crédits à reporter au mois suivant.	Insuffisances des crédits.		Nouveaux besoins.	Crédits libres.	
												(Dans l'emploi de cette formule sur feuille entière, on reproduira le titre de l'état sur la première page. Pour le résumé à remettre à la direction du Mouvement général des fonds, on devra faire usage de papier format écu.)
	Totaux............											

Arrêté la présente demande de fonds à la somme de

Paris, le   18 .

Pour le Ministre des Postes et des Télégraphes :

L'Administrateur,

MINISTÈRE
DES POSTES
ET DES TÉLÉGRAPHES.

DIVISION
DE LA COMPTABILITÉ.

BUREAU
DE L'ORDONNANCEMENT.

Numéro de l'ordonnance.

ORDONNANCE DE PAYEMENT.

MODÈLE N° 4.

Art. 68 du Règlement du 15 octobre 1880.

PAYABLE PAR

(Indiquer la classe des comptables chargés du payement.)

DÉPENSES DE L'EXERCICE 18 .

Chapitre
Article
Paragraphe

Crédit primitif
(Loi du)
Crédit supplémentaire
(Loi du)

TOTAL.........

En vertu des lois ainsi que des crédits de distribution accordés jusqu'à ce jour, le payera aux titulaires des créances, et pour les motifs ci-après indiqués, la somme dont le détail suit :

DÉPARTEMENT.	TITULAIRES des CRÉANCES.	OBJET DU PAYEMENT.	SOMMES à PAYER.	INDICATION des PIÈCES JUSTIFICATIVES jointes à la présente ordonnance.

VÉRIFIÉ :
Le Chef de bureau,

La présente ordonnance, montant à la somme de

délivrée à Paris, le 18 .

Le Ministre des Postes et des Télégraphes,

TRÉSOR PUBLIC.

N° d'ordre du registre des crédits et ordonnances.

BORDEREAU N°

VU :
Le 18 .
Le Directeur du Mouvement général des Fonds,

MINISTÈRE
DES POSTES
ET DES TÉLÉGRAPHES.

DIVISION
DE LA COMPTABILITÉ.

BUREAU
DE L'ORDONNANCEMENT.

Numéro de l'ordonnance.

ORDONNANCE DE DÉLÉGATION.

MODÈLE N° 5.

Art. 68 du Règlement du 15 octobre 1880.

PAYABLE PAR

(Indiquer la classe des comptables chargés du payement.)

DÉPENSES DE L'EXERCICE 18 .

Chapitre
Article
Paragraphe

Crédit primitif
(Loi du)
Crédit supplémentaire
(Loi du)
TOTAL........

En vertu des lois, ainsi que des crédits de distribution accordés jusqu'à ce jour, le payera, sur mandats des ordonnateurs secondaires, la somme dont le détail suit :

TITULAIRES des CRÉDITS DE DÉLÉGATION.	OBJET DES CRÉDITS.	MONTANT des CRÉDITS.	OBSERVATIONS.

VÉRIFIÉ :
Le Chef de bureau,

La présente ordonnance, montant à la somme de

délivrée à Paris, le 18 .

Le Ministre des Postes et des Télégraphes,

TRÉSOR PUBLIC.

N° d'ordre du registre des crédits et ordonnances.

BORDEREAU N°

VU :

Le 18 .

Le Directeur du Mouvement général des Fonds,

MINISTÈRE
DES POSTES
ET DES TÉLÉGRAPHES.

DIVISION
d

BUREAU
d

LIGNE

EXERCICE 18 .

Mois d[1] 18

ORDONNANCE[2]

MODÈLE N° 6.

Art. 69 du Règlement
du 15 octobre 1880.

Ordonnance n° *
du *

* Cette mention est remplie par la division de la comptabilité.

NOTA. — La présente formule est spéciale au service intérieur du ministère.

ÉTAT DES DÉPENSES À LIQUIDER

AU PROFIT DES DIVERS AGENTS ET CRÉANCIERS

DU MINISTÈRE DES POSTES ET DES TÉLÉGRAPHES

POUR LES SERVICES DÉSIGNÉS D'AUTRE PART.

Dépense payable par le[3]

(1) Mois dans lequel a eu lieu la liquidation.
(2) Indiquer si c'est une ordonnance directe ou de délégation.
(3) Faire connaître si la dépense est payable par le Caissier payeur central à Paris, par un payeur de département ou par les caisses du Ministère.

Suite du Modèle n° 6.

N° 919.
Octobre 1880. — Tell. 98.

EXERCICE 18 .

CHAPITRE.	ARTICLE.	PARAGRAPHE.	LIGNE de la nomenclature.	DÉSIGNATION DES AGENTS ET CRÉANCIERS.	MOTIFS DE LA DÉPENSE.	INDICATION DU TEMPS auquel se rattache la dépense.		SOMMES à LIQUIDER.	TOTAL par DÉPARTEMENT.	NOMS des DÉPARTEMENTS. (1)	PIÈCES À PRODUIRE à l'appui des mandats : ACTES OU DÉCISIONS autorisant la dépense. (2)	OBSERVATIONS.
						Totaux........						

(1) Lorsqu'une dépense s'applique à plusieurs départements et que le cadre du présent état est insuffisant pour recevoir toutes les indications nécessaires, joindre un état de distribution ou un relevé *totalisé* par département et y renvoyer par une annotation portée dans cette colonne.
(2) Indiquer à *l'encre noire* les pièces à produire à l'appui des mandats, et à *l'encre rouge*, les actes ou décisions antérieurs autorisant la dépense.

Paris, le 18 .

Le Chef du bureau d

DIVISION
DE LA COMPTABILITÉ.

BUREAU
DE L'ORDONNANCEMENT.

MINISTÈRE
DES POSTES ET DES TÉLÉGRAPHES.

MODÈLE N° 7.

Art. 69 du Règlement du 15 octobre 1880.

* Désignation de l'ordonnateur.

DÉPENSES DE L'EXERCICE 18 .

e SECTION DU BUDGET. — CHAPITRES N^{os}

*Relevé n° des crédits à mettre à la disposition de * , ordonnateur secondaire, au moyen d'ordonnances de délégation du Ministre des Postes et des Télégraphes pour servir à l'imputation des mandats à délivrer au profit des divers agents et créanciers de ce ministère, d'après les bordereaux partiels de liquidation de leurs droits.*

Dépenses payables.. { par les caisses de l'Administration. / par les comptables directs du Trésor.

DÉSIGNATION DES DÉPENSES.		
CHAPITRES SPÉCIAUX.	ARTICLES ET PARAGRAPHES.	
		NOTA. La partie de ce cadre est divisée en colonnes, dont le nombre et la disposition sont appropriés à la nature des divers services, et qui font connaître le montant des crédits ainsi que les circonscriptions administratives où ils doivent être ouverts, et la justification des demandes de crédits.

ARRÊTÉ le présent relevé à la somme totale de

A , le 18 .

Le (désignation de la qualité de l'ordonnateur).

DIVISION DE LA COMPTABILITÉ.

BUREAU DE L'ORDONNANCEMENT.

MINISTÈRE DES POSTES ET DES TÉLÉGRAPHES.

MODÈLE N° 8.

Art. 69 du Règlement du 15 octobre 1880.

DÉPENSES DES EXERCICES CLOS.

(EXERCICE 18 .)

CHAPITRE DU BUDGET DE L'EXERCICE 18 .

Relevé n° des crédits à mettre à la disposition des ordonnateurs secondaires, au moyen d'une ordonnance de délégation du Ministre des Postes et des Télégraphes, pour servir à l'imputation des mandats à délivrer au profit des divers agents et créanciers de ce ministère d'après les bordereaux partiels de liquidation de leurs droits.

Dépenses payables.. { par les caisses de l'Administration. / par les comptables directs du Trésor.

DÉPARTEMENTS.	MONTANT des DÉPENSES par département.	DÉPENSES de L'EXERCICE 18 (classées par chapitres du budget de cet exercice).	NOMS des CRÉANCIERS.	NATURE DES CRÉANCES.	MONTANT des CRÉANCES individuelles.	NUMÉROS DES ARTICLES de l'état général des créances restées à payer.
TOTAUX....			....			

ARRÊTÉ le présent relevé à la somme totale de

Paris, le 18

L'Administrateur,

DIVISION
DE LA COMPTABILITÉ.

BUREAU
DE L'ORDONNANCEMENT.

MINISTÈRE
DES POSTES ET DES TÉLÉGRAPHES.

MODÈLE N° 9.

Art. 69 du Règlement
du 15 octobre 1880.

DÉPENSES DES EXERCICES PÉRIMÉS.

(EXERCICES .)

CHAPITRE DU BUDGET DE L'EXERCICE 18 .

Relevé n° des crédits à mettre à la disposition des ordonnateurs secondaires, au moyen d'ordonnances de délégation du Ministre des Postes et des Télégraphes, pour servir à l'imputation des mandats à délivrer au profit des divers agents et créanciers du ministère, d'après les bordereaux partiels de liquidation de leurs droits.

Dépenses payables.. { par les caisses de l'Administration.
par les comptables directs du Trésor.

DÉPARTEMENTS.	MONTANT des DÉPENSES par département.	NOMS des CRÉANCIERS.	NATURE DES CRÉANCES.	INDICATION DES EXERCICES auxquels LES DÉPENSES SE RAPPORTENT.			NUMÉROS DES ARTICLES de l'état général des créances restées dues.
				18 .	18 .	TOTAL.	
TOTAUX		....					

ARRÊTÉ le présent relevé à la somme totale de

Paris, le 18 .

L'Administrateur,

MINISTÈRE
DES POSTES
DES TÉLÉGRAPHES.

DIVISION
DE LA COMPTABILITÉ.

BUREAU
DE L'ORDONNANCEMENT.

MODÈLE N° 10.

Art. 70 du Règlement
du 15 octobre 1880.

SERVICE d

AVIS DE LA DÉLIVRANCE D'ORDONNANCES DE PAYEMENT.

Le soussigné a l'honneur d'informer Monsieur
que, d'après les demandes d'ordonnancement parvenues à la division de la Comptabilité des dépenses du ministère, le Ministre a délivré, aux dates et sous les numéros d'ordre ci-après, les ordonnances dont le détail suit :

EXERCICES.	DEMANDES D'ORDONNANCEMENT.				ORDONNANCES DÉLIVRÉES.		OBSERVATIONS.
	DATES.	NATURE DE LA DÉPENSE.	MONTANT.		DATES.	NUMÉROS.	
			fr.	c.			
		TOTAL.........					

Ce 18 .

Le Chef de bureau,

MINISTÈRE
DES POSTES
ET DES TÉLÉGRAPHES.

DIVISION
DE LA COMPTABILITÉ.

BUREAU
DE L'ORDONNANCEMENT.

MODÈLE N° 11.

Art. 70 du Règlement du 15 octobre 1880.

SERVICE d

Avis de la délivrance d'ordonnances de délégation et bulletin de renvoi à (désignation de la Division ou du Bureau qui a demandé le crédit) *des pièces produites à l'appui du relevé n° des sommes dont l'ordonnancement a été demandé à M. le Ministre des Postes et des Télégraphes le 18*

	SECTION DU BUDGET. — Chapitres	SECTION DU BUDGET. — Chapitres	TOTAL.
EXERCICE 18 .			
Demande d'ordonnancement d'après le relevé susindiqué			
Ordonnances délivrées. Ordonnance n° , du 18 .			
Ordonnances délivrées. ——— n° , du 18 .			
DIFFÉRENCE			

OBSERVATIONS.

NOTA. Les lettres d'avis destinées aux ordonnateurs secondaires leur sont adressées à la date de ce jour.

Ce 18 .

Le Chef de bureau,

MINISTÈRE
DES POSTES
DES TÉLÉGRAPHES.

DIVISION
DE LA COMPTABILITÉ

BUREAU
DE L'ORDONNANCEMENT.

MODÈLE Nº 12.

Art. 72 et 100
du Règlement
du 15 octobre 1880.

AVIS SPÉCIAL

POUR LE TRÉSORIER PAYEUR GÉNÉRAL

DU DÉPARTEMENT D

ORDONNANCE DE PAYEMENT (DIRECTE) Nº .

EXERCICE 18 .... CHAPITRE Nº .
BUDGET ... ARTICLE Nº .

Extrait de l'ordonnance de payement en date du 18 .

NOMS DES PARTIES PRENANTES.	MOTIFS DE LA DÉPENSE.	SOMME À PAYER. fr.	c.	DÉTAIL DES PIÈCES JOINTES À L'ORDONNANCE.
	TOTAL			

CERTIFIÉ le présent extrait conforme à l'ordonnance ci-dessus relatée.

VU :

*Pour le Directeur
du Mouvement général des Fonds,*

Pour l'Administrateur :

Le Chef de bureau,

MINISTÈRE
DES POSTES
ET DES TÉLÉGRAPHES.

DIVISION
DE LA COMPTABILITÉ.

BUREAU
DE L'ORDONNANCEMENT.

MODÈLE N° 13.

Art. 69, 72 et 109
du Règlement
du 15 octobre 1880.

AVIS SPÉCIAL
POUR LE TRÉSORIER PAYEUR GÉNÉRAL

DU DÉPARTEMENT D

ORDONNANCE DE DÉLÉGATION N°

EXERCICE 18 .... { CHAPITRE N°
BUDGET ... { ARTICLE N°

Extrait de l'ordonnance de délégation en date du 18 .

ORDONNATEUR SECONDAIRE.	NATURE DE LA DÉPENSE.	SOMME À PAYER. fr.	c.	OBSERVATIONS.
				Les mandats de l'ordonnateur secondaire indiqueront les pièces justificatives à fournir.
	TOTAL..........			

CERTIFIÉ le présent extrait conforme à l'ordonnance ci-dessus relatée.

VU :
Pour le Directeur
du Mouvement général des Fonds :

Pour l'Administrateur :
Le Chef de bureau,

MINISTÈRE
DES POSTES
DES TÉLÉGRAPHES.

DIVISION
E LA COMPTABILITÉ.

BUREAU
DE L'ORDONNANCEMENT.

gnation des pièces à fournir
à l'appui du payement.

VISA
BUREAU DES OPPOSITIONS.

AVIS.

porteur ne devra se présenter chez mptable chargé du payement que urs après la date de l'ordonnance. est, en outre, prévenu que, faute ai de se présenter avant le 1er sep- e 18 , l'ordonnance délivrée à rofit sera *annulée*, et qu'il ne pourra oir le montant de sa créance qu'a- en avoir obtenu le réordonnance- sur un autre exercice.

our acquit de la somme ci-
us.

e 18

Paris, le 18 .

MODÈLE n° 14.

Art. 73 du Règlement
du 15 octobre 1880.

ORDONNANCE
N°

Article du bordereau
y annexé.

EXERCICE 18

CHAPITRE
ARTICLE
PARAGRAPHE

Ligne de la situation.

J'ai l'honneur de vous prévenir que M. le Ministre des Postes et des Télégraphes, par son ordonnance de ce jour, dont extrait suit, a autorisé le payement à votre profit de la somme de

TITULAIRE DE LA CRÉANCE.	OBJET DU PAYEMENT.	SOMME À PAYER.

La somme énoncée ci-dessus sera acquittée par le
à qui la présente devra être remise, pour rester jointe à sa comptabilité, avec les pièces justificatives de la dépense.

Pour l'Administrateur :
Le Chef de bureau délégué,

MINISTÈRE
DES POSTES
ET DES TÉLÉGRAPHES.

DIVISION
DE LA COMPTABILITÉ.

BUREAU
DE L'ORDONNANCEMENT.

Désignation des pièces à fournir à l'appui du payement.

Paris, le 18 .

EXERCICE 18 .

CHAPITRE

DÉPENSES D'EXERCICES CLOS.

MODÈLE N° 15.

Art. 73 du Règlement du 15 octobre 1880.

ORDONNANCE
N°

Article du bordereau y annexé.

J'ai l'honneur de vous prévenir que M. le Ministre des Postes et d Télégraphes, par son ordonnance en date de ce jour, dont extrait suit, autorisé le payement à votre profit (ou en votre nom) de la somme d (en toutes lettres).

TITULAIRE DE LA CRÉANCE.	OBJET DE LA DÉPENSE ET DÉSIGNATION DES EXERCICES qu'elle concerne.	SOMME À PAYER.	
		fr.	c.
	EXERCICE 187		
	——— 187		
	——— 187		
	——— 187		

VU
SANS OPPOSITION.

Bon à payer
par le (indiquer le comptable chargé de payer).

Le

NOTA. Ce cadre est rempli, pour Paris, par le visa du bureau des oppositions.

AVIS

Le payement n'est exigible, à Paris, que dix jours et, dans les départements, que douze jours après la date de l'ordonnance.

De plus, le porteur est prévenu que l'ordonnance délivrée à son profit n'est payable que jusqu'au dernier jour de l'année de sa date.

La somme totale énoncée ci-dessus sera acquittée par le

à qui la présente devra être remise, pour rester jointe à sa comptabilit avec les pièces justificatives de la dépense.

Pour acquit de la somme énoncée ci-contre.

Le *18* .

Pour l'Administrateur :

Le Chef de bureau délégué.

DÉPENSES
D'EXERCICES
CLOS.

M.

MINISTÈRE
DES POSTES
DES TÉLÉGRAPHES.

DIVISION
LA COMPTABILITÉ.

BUREAU
E L'ORDONNANCEMENT.

EXERCICE 188 .

ONNANCE DE DÉLÉGATION
N°

CRÉDIT.

fr.	c.

Paris, le 18 .

MODÈLE N° 16.

Art. 73 du Règlement du 15 octobre 1880.

L'ADMINISTRATEUR

A M. le Directeur-Ingénieur de la région.

A M. le Directeur des Postes et des Télégraphes du département d

MONSIEUR LE DIRECTEUR, je vous préviens que M. le Ministre des Postes et des Télégraphes, par ses ordonnances en date de ce jour, sous les numéros ci-contre, vous a autorisé à disposer, suivant le détail indiqué dans l'extrait d'autre part, d'un crédit de

destiné à acquitter les sommes dues à divers agents et créanciers du service placé sous votre direction.

Ces sommes seront payées aux parties prenantes par les caisses du Ministère, sur vos mandats de payement, lesquels devront mentionner l'exercice et les chapitre, article et paragraphe que les dépenses concerneront, ainsi que les numéro, date et montant de l'ordonnance en vertu de laquelle ils seront délivrés; ces mandats devront de plus indiquer les pièces qui s'y trouveront jointes, conformément aux articles 89 à 92 du Règlement du 15 octobre 1880, sur la comptabilité des dépenses du Ministère des Postes et des Télégraphes.

Recevez, Monsieur le Directeur, l'assurance de ma considération très distinguée.

EXTRAIT

Extrait de ordonnance de délégation mentionnée d'autre part.

DÉSIGNATION DES SERVICES ET DES DÉPENSES.		CRÉDITS mis À LA DISPOSITION de l'ordonnateur secondaire.	OBSERVATIONS.
CHAPITRES SPÉCIAUX.	ARTICLES ET PARAGRAPHES.		

VÉRIFIÉ :

Le Chef de bureau,

MINISTÈRE
DES POSTES
DES TÉLÉGRAPHES.

DIVISION
DE LA COMPTABILITÉ.

BUREAU
DE L'ORDONNANCEMENT.

MOIS
18 .

EXERCICES 188 ET 188 .

MODÈLE N° 17.

Art. 80 du Règlement
du 15 octobre 1880.

DÉPARTEMENT d

M.
Ordonnateur secondaire.

BORDEREAU portant déclaration du crédit sans emploi sur les ordonnances de délégation délivrées au nom du Directeur du département d

CHAPITRES.	ARTICLES.	PARAGRAPHES.	NATURE DES DÉPENSES.	NUMÉROS ET DATES des derniers crédits.	MONTANT des CRÉDITS cumulés.	SOMMES EMPLOYÉES ou réservées sur ces crédits.	SOMMES DÉCLARÉES sans emploi.	OBSERVATIONS ET MOTIFS du non-emploi des crédits.
			TOTAL du chapitre....	....				
			TOTAL du chapitre....	....				
			TOTAUX.......	....				

Voir ci-après
l'exercice 188 .

MOIS
18

Département d

Crédits sans emploi au 1er 18

CHAPITRES.	ARTICLES	PARAGRAPHES.	NATURE DES DÉPENSES.	NUMÉROS ET DATES des derniers crédits.	MONTANT des CRÉDITS cumulés.	SOMMES EMPLOYÉES ou réservées sur ces crédits.	SOMMES DÉCLARÉES sans emploi.	OBSERVATIONS ET MOTIFS du non-emploi des crédits.
			Total du chapitre....	....				
			Total du chapitre....	....				
			Totaux........	....				

A , le 18

Le Ordonnateur secondaire,

MINISTÈRE
DES POSTES
DES TÉLÉGRAPHES.

DÉPARTEMENT

EXERCICE 18 .

DÉPENSES PUBLIQUES.

MODÈLE N° 18.

Art. 82 du Règlement du 15 octobre 1880.

Le Comptable qui aura fait le payement apposera ci-dessous le timbre de son bureau.

(Ligne de la situation mensuelle.)

EXTRAIT
Ordonnance n°

N°
Journal général des mandats.

Chapitre du Budget.........................
Article.................................
Paragraphe ...

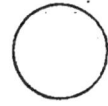

MANDAT de payement délivré en vertu des Ordonnances de délégation de M. le Ministre des Postes et des Télégraphes, et dont la dernière, numérotée ci en marge, est datée du 18 .

NOM, QUALITÉ ET DOMICILE du titulaire de la créance. 1	OBJET DE LA DÉPENSE ET INDICATION DU TEMPS auquel elle se rattache. 2	SOMME BRUTE à payer. 3	EXÉCUTION de l'article 3 DE LA LOI du 9 juin 1853. 4	OBSERVATIONS. — Indication sommaire du nombre et de la nature des pièces justificatives à produire, par le Receveur principal, à l'appui du présent mandat, et de la somme à retenir pour opposition. 5
M.	A déduire le total général des retenues indiquées col. 4........................ Reste net à payer.........	(1)	Indication des retenues à exercer par le Receveur Payeur, au profit du Trésor pour le service des Pensions civiles. (2) 5 p. 0/0........... 1er mois de promotion... Congés........... Punitions en vertu d'articles de l'Instr. générale.	Nomb.

du sommier des dépenses du Comptable.

Pour quittance de la somme ci-dessus.

A *18* .

Vu bon à payer sans opposition jusqu'à fin du présent mois, par le Receveur du bureau d

, le 18 .

Le Receveur principal,

Le présent Mandat, montant à la somme *brute* de (1) (en toutes lettres) (col. 3), délivré par nous, , Ordonnateur secondaire, est payable jusqu'au 31 août 18 (*art. 2 du décret du 11 août 1850*), par le Receveur principal du département susdésigné, qui en fera dépense au compte du Budget et fera immédiatement recette (art. 7) de la somme de (2) *F.* (col. 4), montant de retenues à exercer au profit du Trésor pour le service des Pensions civiles.

Fait à , le 18 .

MINISTÈRE
DES POSTES
ET DES TÉLÉGRAPHES.

DÉPARTEMENT

d

EXTRAIT
de l'Ordonnance n°

N°
du Journal général des mandats.

EXERCICE 18 .

DÉPENSES PUBLIQUES.

CHAPITRE du Budget du Ministère des Postes et des Télégraphes.

DÉPENSES
D'EXERCICES CLOS.

MODÈLE N° 19.

Art. 82 du Règlement
du 15 octobre 1880.

Le Comptable qui aura f
le payement apposera ci-desso
le timbre de son bureau.

CLASSIFICATION DE LA DÉPENSE

Au Budget de l'Exercice 18 .

Chapitre du Budget........................
Article..................................
Paragraphe...

MANDAT de payement délivré en vertu des Ordonnances de délégation de M. Ministre des Postes et des Télégraphes, et dont la dernière, numérotée ci marge, est datée du 18 .

NOM, QUALITÉ ET DOMICILE du titulaire de la créance. 1	OBJET DE LA DÉPENSE ET INDICATION DU TEMPS auquel elle se rattache. 2	SOMME BRUTE à payer. 3	EXÉCUTION de l'article 3 DE LA LOI du 9 juin 1853. 4	OBSERVATIONS. Indication sommaire du nombre et de la nature des pièces justificatives à produire, par le Receveur principal, à l'appui du présent mandat. Somme à retenir pour opposition. 5
M.		(1)	Indication des retenues à exercer par le Receveur Payeur, au profit du Trésor pour le service des Pensions civiles. (2) 5 p. 0/0.......... 1er mois de promotion.. Congés.......... Punitions en vertu d'articles de l'Instr générale.	Nomb.
	A déduire le total général des retenues indiquées col. 4.........................			
	RESTE net à payer.........			

N° du sommier des dépenses du Comptable.

Pour quittance de la somme ci-dessus.

A

le 18 .

Vu bon à payer sans opposition jusqu'au dernier jour du présent mois, par le Receveur des Postes du bureau d

A , le 18 .

Le Receveur principal,

Le présent Mandat, montant à la somme *brute* de (1) (en toutes lettre (col. 3), délivré par nous, , Ordonnateur secondaire, est payable, *jusqu'au 31 décembre prochain, seulement,* par le Receveur principal du département susd signé, qui en fera dépense au compte du Budget, et fera immédiateme recette (article 7) de la somme de (2) *F.* (col. 4), mo tant des retenues à exercer au profit du Trésor pour le service des Pensio civiles.

Fait à , le 18

MINISTÈRE
DES POSTES
DES TÉLÉGRAPHES.

NUMEROS	
D'ORDRE.	DE L'ORDONNANCE.

POSTES ET TÉLÉGRAPHES.

MODÈLE N° 20.

Art. 84 du Règlement du 15 octobre 1880.

EXERCICE 18 .

ORDONNANCE du 18 , N°

JOURNÉE du 18 .

BORDEREAU DÉTAILLÉ des Mandats collectifs ou individuels délivrés dans le cours de la présente journée, sur la Caisse du Receveur principal du département d , par l'Ordonnateur secondaire des dépenses, soussigné.

(Sauf délégation de la part du Receveur principal sur les Caisses des divers Receveurs des Postes du même département, ainsi qu'il y est autorisé par l'article 1376 de l'Instruction générale.)

CHAPITRES, ARTICLES et paragraphes d'articles du budget sur lesquels les mandats sont imputés.				NUMÉROS du JOURNAL général des mandats.	NOMS ET QUALITÉS DES TITULAIRES DES CRÉANCES, et Noms des bureaux sur lesquels les mandats sont payables.	NATURE et nombre des PIÈCES justificatives à mettre à l'appui des mandats.	OBJETS DES DÉPENSES et temps qu'elles concernent.	SOMMES À PAYER.	TOTAL par LIGNES DE DÉPENSE récapitulées par ligne, paragraphe, article et chapitre à la dernière page du présent bordereau.	DATES des PAYEMENTS.
N°s des chapitres du budget.	N°s des articles.	N°s des paragraphes.	N°s des lignes de la situation.							
1	2	3	4	5	6	7	8	9	10	11
							A reporter.			

Monsieur le Receveur Principal du département susdésigné.

CHAPITRES, ARTICLES et paragraphes d'articles du budget sur lesquels les mandats sont imputés.				NUMÉROS du JOURNAL général des mandats.	NOMS ET QUALITÉS DES TITULAIRES DES CRÉANCES, et Noms des bureaux sur lesquels les mandats sont payables.	NATURE et nombre des PIÈCES justificatives à mettre à l'appui des mandats.	OBJETS DES DÉPENSES et temps qu'elles concernent.	SOMMES à PAYER.	TOTAL par LIGNES DE DÉPENSE récapitulées ci-dessous par ligne, paragraphe, article et chapitre.	DATES des PAYEMENTS.
Nos des chapitres du budget.	Nos des articles.	Nos des paragraphes.	Nos des lignes de la situation.							
1	2	3	4	5	6	7	8	9	10	11
							Reports...			
							TOTAL...			(1)

MONTANT des Bordereaux délivrés jusqu'à ce jour.......................

Réunion formant le total pareil à celui du Journal général des Mandats délivrés.......

À DÉDUIRE :

Les mandats annulés dans le cours de ce mois.

SAVOIR :

Montant des mandats annulés antérieurement à ce mois.............

RESTE en mandats délivrés, bons à être payés.................................

CERTIFIÉ par moi, Ordonnateur secondaire, le présent Bordereau montant à la somme de (1) (en toutes lettres)

Fait à , *le* *18*

Le (qualité de l'Ordonnateur secondaire)

MINISTÈRE
DES POSTES
[E]T DES TÉLÉGRAPHES.

Modèle n° 21.

Art. 98 du Règlement du 15 octobre 1880.

EXERCICE 18 .

Chapitre
Article

(1) Indiquer la circonscrip[tio]n territoriale.
(2) Indiquer les nom et qua[lit]é du créancier.
(3) Désignation du mois ou [du] trimestre.
(4) Indication des marchés, [so]umissions, conventions, etc.
(5) Indiquer la qualité de [l'o]rdonnateur secondaire.

Le sieur créancier.

Décompte des travaux (ou fournitures) effectués par le sieur (2) pendant le (3) 18 , en vertu de (4) pour servir à l'ordonnancement d'un acompte en sa faveur, jusqu'à concurrence des 5/6 du montant des droits acquis, savoir:

NATURE des TRAVAUX (OU FOURNITURES).	ESPÈCE DES UNITÉS.	QUANTITÉS.	PRIX.	DÉPENSE résultant DES SERVICES FAITS.	OBSERVATIONS.
Total........................					
A déduire 1/6 réservé jusqu'après liquidation........................					
Reste........................					
ACOMPTES PAYÉS JUSQU'À CE JOUR.					
Mandat n° du					
—— n° du					
—— n° du					
Reste dû pour les 5/6 du service fait........................					

Le soussigné, après s'être assuré que les travaux (ou fournitures) dont il s'agit ont été effectués dans les proportions indiquées au décompte qui précède, estime qu'il y a lieu d'accorder un (nouvel) acompte de (en toutes lettres)

A , le 18 .

Le (5)

MINISTÈRE
DES POSTES
ET DES TÉLÉGRAPHES.

EXERCICE 18

Modèle n° 22.
Art. 102 du Règlement du 15 octobre 1880.

ARTICLE
CHAPITRE

Nature de la dépense :

Désignation du créancier :

Bulletin de référence { *aux payements antérieurs* / *au payement pour solde* } *adressé à M. le du département d*

	ORDONNANCES OU MANDATS DÉLIVRÉS AU PROFIT DU CRÉANCIER.			DÉPARTEMENTS		OBSERVATIONS.
	Dates.	Numéros.	Montant.	où ont eu lieu LES PAYEMENTS antérieurs.	où auront lieu LES PAYEMENTS subséquents.	
Acompte payé sur pièces qui ne justifient qu'une partie de la dépense...............						
Payement pour solde à l'appui duquel sont annexées les justifications complémentaires de la dépense........						

A , le 18 .

Le (1)

(1) Indiquer la qualité de l'ordonnateur secondaire.

MINISTÈRE
DES POSTES
ET DES TÉLÉGRAPHES.

DIVISION
DE LA COMPTABILITÉ.

BUREAU
DE L'ORDONNANCEMENT.

EXERCICE 18 .

CHAPITRE

MODÈLE N° 23.

Art. 110 et 131 du Règlement du 15 octobre 1880.

BORDEREAU N°

portant annulation des sommes non acquittées ou non employées sur ordonnances du Ministre des Postes et des Télégraphes.

ORDONNANCES. NU-MÉROS.	ORDONNANCES. DATES.	TITULAIRES des ORDONNANCES.	MONTANT PRIMITIF.	SOMMES ANNULÉES.	CAISSES où LES PAYEMENTS étaient assignés.	MOTIFS DES ANNULATIONS.
		TOTAL..........				

VÉRIFIÉ :

Le Chef de bureau,

ARRÊTÉ le présent bordereau à la somme de

Paris, le 18 .

L'Administrateur,

MINISTÈRE
DES POSTES
ET DES TÉLÉGRAPHES.

DIVISION
DE LA COMPTABILITÉ.

BUREAU
DE L'ORDONNANCEMENT.

EXERCICE 18 .

CHAPITRE

MODÈLE N° 24.

Art. 110 du Règlement du 15 octobre 1880.

BORDEREAU N°

portant annulation de dépenses faites sur ordonnances du Ministre des Postes et des Télégraphes et remboursées par virement de comptes.

DÉPARTEMENTS MINISTÉRIELS QUI ONT DÉLIVRÉ les ordonnances de virement.	ORDONNANCES DE VIREMENT.				MOTIFS DES VIREMENTS DE COMPTES.
	NUMÉROS.	DATES.	CHAPITRES.	MONTANT.	
	TOTAL....................				

VÉRIFIÉ :
Le Chef de bureau,

ARRÊTÉ le présent bordereau à la somme de

Paris, le 18 .

L'Administrateur,

MINISTÈRE
DES POSTES
DES TÉLÉGRAPHES.

DIVISION
DE LA COMPTABILITÉ.

BUREAU
DE L'ORDONNANCEMENT.

EXERCICE 18 .

BORDEREAU N°

Somme :

fr.	c

MODÈLE N° 25.

Art. 110 du Règlement du 15 octobre 1880.

AVIS D'ANNULATION DE CRÉDITS DÉLÉGUÉS.

Paris, le 18 .

L'ADMINISTRATEUR

A Monsieur le Directeur-Ingénieur de la région

A Monsieur le Directeur des Postes et des Télégraphes du département

d

MONSIEUR LE DIRECTEUR, je vous informe que les crédits de délégation qui vous ont été successsivement ouverts, par ordonnances de M. le Ministre des Postes et des Télégraphes, pour les dépenses désignées d'autre part, ont été réduits, dans les écritures centrales du ministère, de la somme de

Je vous invite, en conséquence, à vouloir bien faire constater immédiatement sur vos livres de comptabilité une réduction de crédits de pareille somme, aux termes de l'article 110 du règlement du 15 octobre 1880. Cette réduction devra figurer dans vos écritures à la date de la présente lettre, et viendra en atténuation des opérations courantes. Dans le cas où elle excéderait les opérations effectives, vous auriez à inscrire cet excédent de réduction, en encre rouge, dans la colonne du mois, sur votre prochaine situation, conformément à la circulaire du 8 novembre 1858, page 3.

Recevez, Monsieur le Directeur, l'assurance de ma considération très distinguée.

NOMENCLATURE.				NATURE DE LA DÉPENSE.
CHAPITRES.	ARTICLES.	PARAGRAPHES.	LIGNES.	

Suite du Modèle n° 25.

SOMMES ANNULÉES.		MOTIF DES ANNULATIONS.
fr.	c.	

Vérifié :

Le Chef de bureau,

MINISTÈRE
DES POSTES
ET DES TÉLÉGRAPHES.

DIVISION
DE LA COMPTABILITÉ.

BUREAU
DE L'ORDONNANCEMENT.

MODÈLE N° 26.

Art. 119 du Règlement
du 15 octobre 1880.

EXERCICE 18 .

BORDEREAU N°

portant réassignation d'ordonnances du Ministre des Postes et des Télégraphes.

CHAPITRES DU BUDGET.		ORDONNANCES.		SOMME à RÉASSIGNER.	DÉPARTEMENT		MOTIFS DES RÉASSIGNATIONS.
NUMÉROS.	TITRES.	NUMÉROS.	DATES.		OÙ LE PAYEMENT devait avoir lieu.	OÙ LE PAYEMENT doit être effectué.	

VÉRIFIÉ :

Paris, le 18 .

Le Chef de bureau,

L'Administrateur,

MINISTÈRE
DES POSTES
ET DES TÉLÉGRAPHES.

MODÈLE n° 97.

Art. 122 du Règlement
du 15 octobre 1880.

(1)

(2)

DÉPENSES
DE L'EXERCICE 18 .

CHAPITRE
ARTICLE

A rattacher à l'ordonnance ou au mandat du
18 , n°

Bordereau détaillé des quittances et pièces de dépenses à remettre au[5]
pour être rattachées à l'ordonnance (ou au mandat)
d délivré, sur l'exercice 18 , par[3]
l 18 , sous le n° , au nom de M[4]
pour servir à l'acquittement d

NUMÉROS des fiches ou quittances.	NOMBRE de pièces.	DÉSIGNATION DES DÉPENSES.	SOMMES.	DÉSIGNATION DES PIÈCES À L'APPUI.
		TOTAL du présent bordereau		
		à quoi il convient d'ajouter l'excédent des justifications antérieures sur les avances touchées		
		TOTAL............		
		MONTANT de l'ordonnance ou du mandat...........		
		EXCÉDENT de justification à reprendre au bordereau suivant		

VU et VÉRIFIÉ :

CERTIFIÉ EXACT le présent bordereau, montant à la somme de

L[3]

A , le 18 .

L[4]

(1) Indiquer le service.
(2) Indiquer la circonscription territoriale.
(3) Indiquer la qualité de l'ordonnateur de la dépense.
(4) Indiquer le nom et la qualité de l'agent qui a reçu l'avance.
(5) Désigner le comptable.

MINISTÈRE
DES POSTES
ET DES TÉLÉGRAPHES.

SERVICE

d

Numéro d'ordre

(1) Porter en toutes lettres la somme totale à reverser.

(2) Indiquer le nom et la qualité de l'ordonnateur ou du chef de service signataire de l'ordre de reversement.

(3) Trésorier général du département ou du receveur des finances.

MODÈLE N° 28.

Art. 127 du Règlement du 15 octobre 1880.

ORDRE DE REVERSEMENT.

EXERCICE 18 .

CHAPITRE
ARTICLE

Conformément aux dispositions de l'article 127 du Règlement du 15 octobre 1880, sur la comptabilité des dépenses du département des Postes et des Télégraphes, M. est requis de reverser dans la caisse du (3) la somme dont l'indication suit, pour les motifs ci-après énoncés, savoir :

DÉSIGNATION DE L'ORDONNANCE OU DU MANDAT sur lequel doit porter le reversement.			MOTIFS DE REVERSEMENT À OPÉRER.	MONTANT de LA SOMME à reverser.	OBSERVATIONS.
Numéro.	Date.	Montant.			

ARRÊTÉ le présent ordre de reversement à la somme d (1)

A , le 18 .

L (2)

MINISTÈRE
DES POSTES
ET DES TÉLÉGRAPHES.

SERVICE

d

DÉPARTEMENT

d

(1) Désigner la qualité de l'ordonnateur secondaire.

(2) Désigner la qualité de l'agent comptable.

(3) Indiquer la nature de la dépense.

MODÈLE N° 29.

Art. 130 du Règlement du 15 octobre 1880.

CERTIFICAT DE RÉIMPUTATION.

EXERCICE 18 .

Je soussigné (1)
déclare que le mandat de la somme de
délivré par moi , le
sous le n° , au profit de pour
et acquitté par (2)
le a été, par erreur, imputé sur l'ordonnance de
délégation n° du chapitre
article (3) et qu'il doit être considéré
comme étant délivré sur l'ordonnance de délégation n°
du chapitre article (3)

A , le 18 .

MINISTÈRE
DES POSTES
ET DES TÉLÉGRAPHES.

DIVISION
DE LA COMPTABILITÉ.

BUREAU
DE L'ORDONNANCEMENT.

EXERCICE 18 .

Modèle n° 30.

Art. 130 du Règlement du 15 octobre 1880.

SERVICE d

État de changement d'imputation à opérer par
relativement à payement effectué pour le service d
d'après... { *un extrait de l'ordonnance* / *le mandat...........* } *délivré le* 18
par... { *le Ministre des Postes et des Télégraphes* / *le* } *sous le n°*

IMPUTATION PRIMITIVE DES PAYEMENTS.						SOMMES dont L'IMPUTATION doit être modifiée.	NOUVELLE IMPUTATION.			NOMBRE DE PIÈCES À L'APPUI DU PRÉSENT ÉTAT.	MOTIFS DU CHANGEMENT d'imputation.
EXERCICES.	CHAPITRES du budget.	NATURE de la dépense.	DÉPARTEMENTS où les payements ont été effectués.	NUMÉROS DES ORDONNANCES ou mandats.	MONTANT des ordonnances ou mandats.		Exercices.	Chapitres du budget.	Nature de la dépense.		

Certifié exact :

Le Chef de bureau,

Arrêté le présent état de changement d'imputation à la somme de

Paris, le 18 .

L'Administrateur,

MINISTÈRE
DES POSTES
ET DES TÉLÉGRAPHES.

DÉPARTEMENT
d

RECETTE PRINCIPALE
d

EXERCICE 18 .

DÉPENSES PUBLIQUES.

Mois d 188 .

MODÈLE N° 31.

Art. 134 du Règlement du 15 octobre 1880.

RELEVÉ des Mandats délivrés par M.
Ordonnateur secondaire des dépenses du département désigné ci-contre, et qui ont été acquittées dans le cours du mois susdésigné.
Le présent Relevé a été dressé et ensuite remis à M. l'Ordonnateur secondaire, en exécution de l'article 134 du Règlement du 15 octobre 1880 sur la Comptabilité du Ministère.

NUMÉROS des MANDATS. — (Prendre le numéro à l'encre rouge.) 1	DATES des MANDATS. 2	IMPUTATION DES MANDATS. NUMÉROS DES chapitres du budget. 3	articles. 4	paragraphes. 5	lignes de la situation. 6	DÉSIGNATION SOMMAIRE du texte des lignes des paragraphes sur lesquels les mandats sont imputés. 7	NOMS DES BUREAUX payeurs d'après le visa du Receveur principal. 8	SOMMES par MANDATS acquittés. 9	SOMMES PAR LIGNES de chaque paragraphe, totalisées par article distinct au résumé du présent bordereau. 10
							TOTAL...		

Exercice 188 .

Suite du Modèle n° 31.

Résumé des Payements effectués sur Mandats délivrés en vertu d'Ordonnances de délégation.

Numéros des chapitres du budget.	Numéros des articles des chapitres.	Mandats de payement délivrés par l'Ordonnateur secondaire du département, depuis le commencement de l'Exercice, déduction faite des mandats annulés, savoir : Report des mois antérieurs d'après la colonne 7 du précédent relevé.	Pendant le mois d	Total des mandats délivrés au 31 18 .	À déduire : mandats annulés pendant le mois d 18 suivant l'avis que l'Ordonnateur secondaire en a donné au pied de son dernier bordereau n° 550 bis.	Reste en mandats délivrés au 31 18 .	Payements effectués : mois antérieurs, d'après la colonne 12 du précédent relevé.	À déduire : les payements annulés dans le cours du mois d 18 , pouvant donner lieu à délivrance de nouveaux mandats.	Reste en payements effectués pour les mois antérieurs.	Payements effectués pendant le mois d 18 .	Total des payements effectués au 31 du mois d 18 .	Payements restant à faire à la fin du mois d 18 (ou mandats non présentés au payement).	Payements concernant les dépenses des Exercices clos imputées sur les crédits du présent Exercice.
1	2	3	4	5	6	7	8	9	10	11	12	13	14
													Total pendant le mois d 18 . (Voir le détail de l'autre part.) Antérieurement, suivant le dernier relevé ...... Total général au 31 du mois d 18 ......
Totaux......													

Nota. Ce Relevé doit être envoyé à l'Ordonnateur secondaire *dans les cinq premiers jours de chaque mois.* (*Article 134 du Règlement.*)

Certifié le présent Relevé, conforme à mes écritures et aux acquits de payements adressés à la Direction générale de la Comptabilité publique.

A , *le* *188* .

Le Receveur principal.

MINISTÈRE
DES POSTES
ET DES TÉLÉGRAPHES.

DÉPARTEMENT

d

(1) Indiquer l'ordonnateur de la dépense.

(2) Indiquer le titre de l'agent comptable.

EXERCICE 18 .

MODÈLE N° 32.

Art. 137 du Règlement du 15 octobre 1886.

Bordereau des { ordonnances / mandats... } délivré par (1)

payables par le comptable soussigné, et qui n'ont pas été acquittés avant le 31 août de la seconde année de l'exercice.

NUMÉROS des SECTIONS.	NUMÉROS des CHAPITRES.	NUMÉROS des ARTICLES.	NATURE des CRÉANCES.	NOMS DES CRÉANCIERS.	NUMÉROS ET DATES des { ordonnances. / mandats.	MONTANT des { ordonnances / mandats non acquittés.
					TOTAL..........	

CERTIFIÉ EXACT :

A , le 188 .

Le (2)

— 2167 —

MINISTÈRE
DES POSTES (1)
DES TÉLÉGRAPHES.

MODÈLE N° 33.
Art. 141 et 165 du Règlement du 15 octobre 1880.

(1) Indiquer ici la circonscription territoriale ou l'établissement public.

(2) Indiquer le nom et le ... de l'ordonnateur.

M. (2)

ORDONNATEUR SECONDAIRE DES DÉPENSES.

DROITS CONSTATÉS.

EXERCICE 18 .

Relevé individuel des sommes dues ou présumées dues, au 31 août 18 , à des titulaires de créances dont les droits se rapportent à l'année 18 , soit qu'il s'agisse de créances non liquidées avant la clôture de la comptabilité de l'exercice 18 , ou de créances liquidées qui, à la même époque, n'avaient pas été l'objet de mandats de payement, soit enfin de créances liquidées et mandatées, pour lesquelles les mandats délivrés n'avaient pas été payés à l'époque susindiquée.

Ledit relevé conforme, quant à son total, à l'excédent que présente, dans la situation finale de l'exercice 18 , arrêtée au 31 août 18 , le montant *net* des droits constatés sur le montant *net* des payements pour tous les chapitres du budget, SAVOIR :

NOTA. *En cas de parité entre le montant net des droits constatés et le montant des payements effectués, ces résultats n'en doivent pas moins être portés ci-contre, et il faut alors inscrire dans le cadre au-dessous le mot néant.*

	fr.	c.
Montant *net* des droits constatés		
Montant *net* des payements effectués..................................		
EXCÉDENT des droits sur les payements..........		

NUMÉROS et titres des chapitres du budget.	DÉSIGNATION DES ARTICLES de la nomenclature auxquels les créances non payées se rapportent.	NOMS des CRÉANCIERS.	SOMMES DUES ou présumées dues à chaque créancier.	TOTAUX DES SOMMES dues par article.	TOTAL DES SOMMES dues par chapitre.	RENSEIGNEMENTS et OBSERVATIONS.
TOTAL ÉGAL à l'excédent du montant net des droits constatés sur le montant *net* des payements effectués, suivant les résultats généraux de la situation finale rapportés en tête du présent relevé......................................						

CERTIFIÉ EXACT :

A , le 18 .

Le

MINISTÈRE
DES POSTES
ET DES TÉLÉGRAPHES.

DIVISION
DE LA COMPTABILITÉ.

BUREAU
DE L'ORDONNANCEMENT.

MODÈLE N° 34.

Art. 141 du Règlement du 15 octobre 1880.

MINISTÈRE DES POSTES ET DES TÉLÉGRAPHES.

EXERCICE CLOS 18 .

État nominatif des créances restant à payer sur l'exercice 18 , à l'époque du 31 août 18 .

NUMÉROS des CHAPITRES.	INDICATION DES CHAPITRES PAR SECTIONS et services.	LIEU DE L'ORDONNANCEMENT ou du mandatement.	NOMS ET PRÉNOMS DES CRÉANCIERS.	OBJET DES CRÉANCES.	NUMÉROS D'ORDRE des créances.	MONTANT des CRÉANCES.	TOTAL par CHAPITRE.	OBSERVATIONS.			PAYEMENT DES CRÉANCES DE L'EXERCICE CLOS 18 .				ANNULATION des CRÉANCES non payées à l'expiration de l'apurement de l'exercice.
								ORDONNANCEMENT.			Année 18 .	Année 18 .	Année 18 .	Année 18 .	
								NUMÉROS.	DATES.						
						TOTAL GÉNÉRAL.									

CERTIFIÉ EXACT :

Le Chef de bureau,

ARRÊTÉ le présent état à la somme de

Paris, le 18 .

L'Administrateur,

MODÈLE N° 35.

Art. 155 du Règlement du 15 octobre 1880.

(1) Indiquer la circonscription territoriale ou l'établissement public.

(2) Porter le nom et la qualité de l'ordonnateur secondaire.

(1) ____________

M. (2) ____________

EXERCICE 18 .

Livre journal des crédits délégués à l'ordonnateur secondaire susdésigné sur les fonds accordés au Ministre des Postes et des Télégraphes par le budget de l'exercice 18 .

DATES des ENREGISTREMENTS.	NUMÉROS des ordonnances.	DATES DES ORDONNANCES de délégation et des avis d'annulation de crédits.	MONTANT DES CRÉDITS				OBSERVATIONS.
			DÉLÉGUÉS.		ANNULÉS.		
			fr.	c.	fr.	c.	
		A reporter......					

MODÈLE N° 36.

Art. 155 du Règlement du 15 octobre 1880.

SERVICE d

(1)

(1) Indiquer ici la circonscription territoriale ou l'établissement public.

M. (2)

(2) Indiquer le nom et le titre de l'ordonnateur secondaire.

DROITS CONSTATÉS AU PROFIT DES CRÉANCIERS DE L'ÉTAT.

EXERCICE 18 .

LIVRE D'ENREGISTREMENT

des dépenses résultant de services exécutés ou en cours d'exécution, liquidés ou à liquider.

DROITS CONSTATÉS.

EXERCICE 18

ARTICLE

PARAGRAPHE

Entretien et réparations.

NUMÉROS d'ordre des enregistrements.	DATES des ENREGISTREMENTS.	DÉSIGNATION des OBJETS DE DÉPENSE.	DROITS DES CRÉANCIERS résultant d'évaluations ou de liquidations.	ANNULATIONS.	DATES DES MANDATS de payement délivrés.	OBSERVATIONS.

Modèle n° 37.

Art. 155 du Règlement du 15 octobre 1880.

SERVICE d

M. (1)

EXERCICE 18 .

Livre journal des mandats payables aux caisses des Postes et Télégraphes, délivrés par l'ordonnateur secondaire susdésigné, avec imputation sur les crédits mis à sa disposition par le Ministre des Postes et des Télégraphes.

NUMÉROS d'ordre des mandats.	DATES DES MANDATS DÉLIVRÉS et des annulations de mandats.	IMPUTATION DES MANDATS.			DÉSIGNATION SOMMAIRE DES DÉPENSES MANDATÉES, des titulaires de créances et des motifs des annulations.	MONTANT DES MANDATS	
		NUMÉROS des chapitres du budget du ministère des postes et des télégraphes.	NUMÉROS des articles.	NUMÉROS des sections d'articles.		délivrés.	annulés.
					A reporter......		

Modèle n° 38.

Art. 155 du Règlement du 15 octobre 1880.

SERVICE d

M. (1)

(1) Indiquer le nom et le titre de l'ordonnateur secondaire.

EXERCICE 18 .

Livre des comptes, par nature de dépense, des crédits délégués à l'ordonnateur secondaire susdésigné, des mandats qu'il a délivrés sur ces crédits et des payements effectués par les caisses du Trésor en vertu de ces mandats.

Chapitre du budget, art. , § .

ORDONNANCES DE DÉLÉGATION.				MANDATS DE L'ORDONNATEUR SECONDAIRE.				PAYEMENTS	
NUMÉROS des ordonnances.	DATES des ordonnances.	MONTANT DES CRÉDITS délégués.	MONTANT DES CRÉDITS annulés.	NUMÉROS des mandats.	DATES des mandats.	MONTANT DES MANDATS délivrés.	MONTANT DES MANDATS annulés.	effectués.	annulés.
	A reporter..			.....	....				

MINISTÈRE
DES POSTES
ET DES TÉLÉGRAPHES.

MODÈLE N° 30.

Art. 166 du Règlement du 15 octobre 1880.

DÉPARTEMENT d

(1) Indiquer le nom et le titre de l'ordonnateur secondaire.

M. (1)

EXERCICE 18 .

SITUATION,

Au dernier jour du mois d 18 ,

Des crédits délégués par le Ministre des Postes et des Télégraphes à l'Ordonnateur secondaire susdésigné;

Des droits constatés au profit des créanciers de l'État;

Des mandats délivrés à ces créanciers,

Et des payements effectués en vertu de ces mandats.

DÉPARTEMENT

d

EXERCICE 18 .

Suite du Modèle n° 39.

Situation des crédits délégués, des droits constatés, des mandats délivrés et des payements effectués au dernier jour du mois d   18 .

DÉSIGNATION DES DÉPENSES.		CRÉDITS DÉLÉGUÉS			DROITS CONSTATÉS			MANDATS DÉLIVRÉS			PAYEMENTS EFFECTUÉS			OBSERVATIONS.
CHAPITRES spéciaux.	ARTICLES ET PARAGRAPHES.	ANTÉRIEUREMENT au mois.	PENDANT le mois.	TOTAL à la fin du mois.	ANTÉRIEUREMENT au mois.	PENDANT le mois.	TOTAL à la fin du mois.	ANTÉRIEUREMENT au mois.	PENDANT le mois.	TOTAL à la fin du mois.	ANTÉRIEUREMENT au mois.	PENDANT le mois.	TOTAL à la fin du mois.	
		fr. c.	fr. c.	fr. c.	fr. c.	fr. c.	fr. c.	fr. c.	fr. c.	fr. c.	fr. c.	fr. c.	(a) fr. c.	
Dépenses des exercices périmés non frappés de déchéance														
Dépenses des exercices clos													(b)	
	FRAIS DE RÉGIE, DE PERCEPTION, ETC.													
Personnel.	....													
	....													
	TOTAUX													
Matériel.	....													
	....													
	TOTAUX													
Dépenses diverses.	....													
	....													
	....													
	TOTAUX													
	REMBOURSEMENTS ET RESTITUTIONS, ETC.													
Remboursements.	....													
Répartitions de produits d'amendes, etc.	....													
	TOTAUX GÉNÉRAUX composés des totaux de tous les chapitres													

(a) Voir, pour le détail des payements sur ce chapitre, le cadre n° , [illegible] part.

(b) *Idem* le cadre n° .

NOTA. Il ne doit être rapporté sur les situations, pour chaque nature d'opérations et pour chaque ligne de dépense, que le résultat net des écritures, déduction faite des annulations. Les annulations effectuées pendant un mois doivent être déduites des opérations de ce mois, lors même qu'elles porteraient sur l'antérieur; et s'il en ressortait un résultat négatif, c'est-à-dire en sens inverse de l'opération indiquée, ce résultat devrait être inscrit en encre rouge dans la colonne du mois, la colonne antérieur devant toujours être la reproduction exacte et fidèle de la colonne total du mois précédent (sauf pour le premier mois de l'exercice qui ne comporte pas d'antérieur).

CADRE N° 1.

Si aucun payement pour dépenses de l'espèce n'a été effectué pendant le mois que la situation concerne, le mot *néant* est inscrit dans le cadre, avec rappel, s'il y lieu, du montant des payements antérieurs au même mois.

Détail des payements effectués pendant le mois d 18 *, pou[r les]* dépenses des exercices périmés non frappées de déchéance, *imputées su[r] l'exercice 18* (chap. du budget), *en vertu des crédits ouverts pa[r] ordonnances du Ministre des Postes et des Télégraphes.*

NOMS DES CRÉANCIERS.	NATURE DES CRÉANCES.	SOMMES PAYÉES à chacun des créanciers. fr.	c.	EXERCICES périmés auxquels les créances se rapportent.	NUMÉROS des ordonnances en vertu desquelles les mandats ont été délivrés.	OBSERVATIONS.
	Total des payements pendant le mois..					
	Payements effectués antérieurement....					
	Total général........					

CADRE N° 2.

A défaut de payement, même observation que ci-dessus.

Détail des payements effectués pendant le mois d 18 *, po[ur les]* dépenses des exercices clos *imputées sur l'exercice 18* (chap. d[u] budget), *en vertu des crédits ouverts par ordonnances du Ministre d[es] Postes et des Télégraphes.*

NOMS DES CRÉANCIERS.	NATURE DES CRÉANCES.	SOMMES PAYÉES à chacun des créanciers. fr.	c.	EXERCICES clos auxquels les créances se rapportent.	NUMÉROS des ordonnances en vertu desquelles les mandats ont été délivrés.	OBSERVATIONS.
	Total des payements pendant le mois..					
	Payements effectués antérieurement...					
	Total général........					

Certifié conforme aux écritures :

A , le 18 .

Le

MINISTÈRE
DES POSTES
[E]T DES TÉLÉGRAPHES.

DIVISION
DE LA COMPTABILITÉ.

BUREAU
DE L'ORDONNANCEMENT.

MOIS

188 .

EXERCICES 18 ET 18 .

DÉPARTEMENT d .

M.
Ordonnateur secondaire.

MODÈLE N° 40.

Art. 160 du Règlement du 15 octobre 1880.

ÉTAT des Crédits disponibles au 1er 18 , sur les Ordonnances ministérielles de délégation, à employer ou à annuler en fin des Exercices 18 et 18 .

NUMÉROS des chapitres du budget.	NUMÉROS des articles.	NUMÉROS des paragraphes.	NUMÉROS des ordonnances.	DATES des ORDONNANCES.	CRÉDITS DÉLÉGUÉS.	CRÉDITS EMPLOYÉS.	MOTIFS pour lesquels LA TOTALITÉ DES CRÉDITS DÉLÉGUÉS n'a pas été employée.	CRÉDITS ou PORTIONS de crédits, à réserver pour droits acquis et pour services prévus.	CRÉDITS ou PORTIONS de crédits excédant les besoins, à annuler au fin d'exercice s'il y a lieu.	OBSERVATIONS.
Les classer dans leur ordre de n° de lignes, et non pas par n° d'ordonnance.										
1	2	3	4	5	6	7	8	9	10	11

A envoyer, *le 4 de chaque mois (pour le mois échu)*, à M. le Ministre des Postes et des Télégraphes. (Division de la Comptabilité, bureau de l'Ordonnancement.)

Voir ci-après l'exercice 18 .

MOIS

de 18 .

DÉPARTEMENT d

Crédits disponibles au 1er 18 .

NUMÉROS des chapitres du budget. (Les classer dans leur ordre de nos de lignes, et non pas par no d'ordonnance.)	NUMÉROS des articles.	NUMÉROS des paragraphes.	NUMÉROS des ordonnances.	DATES des ORDONNANCES.	CRÉDITS DÉLÉGUÉS.	CRÉDITS EMPLOYÉS.	MOTIFS pour lesquels LA TOTALITÉ DES CRÉDITS DÉLÉGUÉS n'a pas été employée.	CRÉDITS OU PORTIONS de crédits à réserver pour droits acquis et pour services prévus.	CRÉDITS OU PORTIONS de crédits excédant les besoins, à annuler en fin d'exercice s'il y a lieu.	OBSERVATIONS.
1	2	3	4	5	6	7	8	9	10	11

CERTIFIÉ conforme à la situation des Crédits délégués, qui sera envoyée le 16 du mo[is] courant au Ministère.

A , le 4 18

Le Ordonnateur secondaire,

Modèle n° 41.

Art. 165 du Règlement du 15 octobre 1880.

DÉPARTEMENT d

EXERCICE 18 ,

État de développement, par classe d'emploi, *du montant net de la dépense définitive de l'exercice 18 pour* traitements fixes.

DÉSIGNATION DES CLASSES D'EMPLOIS.	NOMBRE DES AGENTS *en activité de service* pendant le cours de l'exercice.	MONTANT NET		RESTE À PAYER en fin d'exercice sur les droits constatés.
		DES DROITS constatés à la charge de l'exercice.	DES PAYEMENTS effectués à la clôture de l'exercice.	
Totaux.				

Certifié exact :

A , le 18 .

Le

TABLE

DES ARTICLES DU RÈGLEMENT.

TITRE PREMIER.

DES CRÉDITS DU BUDGET.

TITRE II.

DE L'EXÉCUTION DES SERVICES.

12...

TITRE III.

DE LA LIQUIDATION DES DÉPENSES.

TITRE IV.

DE L'ORDONNANCEMENT DES DÉPENSES.

TITRE V.

DU PAYEMENT DES DÉPENSES.

TITRE VI.

DES DÉPENSES DES EXERCICES CLOS ET DES EXERCICES PÉRIMÉS.

TITRE VII.

DES ÉCRITURES DE L'ADMINISTRATION CENTRALE ET DES ORDONNATEURS SECONDAIRES.

TITRE VIII.

DES COMPTES.

TITRE IX.

DES COMPTABLES DES POSTES ET DES TÉLÉGRAPHES.

TITRE X.

DE LA COMPTABILITÉ-MATIÈRES.

TITRE XI.

DISPOSITION FINALE.

NOMENCLATURE DES PIÈCES À PRODUIRE

À L'APPUI DES ORDONNANCES ET MANDATS DÉLIVRÉS POUR LE PAYEMENT DES DÉPENSES DU MINISTÈRE DES POSTES ET DES TÉLÉGRAPHES.

RÉPERTOIRE DE LA NOMENCLATURE.

JUSTIFICATIONS COMMUNES APPLICABLES À TOUS LES SERVICES.

PERSONNEL.

MATÉRIEL.

TABLE

DE LA NOMENCLATURE DES PIÈCES À PRODUIRE.

Ire SECTION.

SERVICE GÉNÉRAL DU MINISTÈRE.

CHAPITRE PREMIER.

PERSONNEL DE L'ADMINISTRATION CENTRALE.

CHAPITRE II.

MATÉRIEL DE L'ADMINISTRATION CENTRALE.

CHAPITRE III.

DÉPENSES DIVERSES DE L'ADMINISTRATION CENTRALE.

CHAPITRE IV.

DÉPENSES DES EXERCICES PÉRIMÉS NON FRAPPÉES DE DÉCHÉANCE.

CHAPITRE V.

DÉPENSES DES EXERCICES CLOS.

IIe SECTION.

FRAIS DE RÉGIE, DE PERCEPTION ET D'EXPLOITATION.

CHAPITRE VI.

PERSONNEL.

CHAPITRE VII.

MATÉRIEL.

CHAPITRE VIII.

DÉPENSES DIVERSES.

CHAPITRE IX.

SUBVENTIONS.

IIᵉ SECTION.

REMBOURSEMENTS ET RESTITUTIONS.

CHAPITRE X.

REMBOURSEMENTS SUR PRODUITS DES POSTES ET DES TÉLÉGRAPHES.

CHAPITRE XI.

RÉPARTITIONS DE PRODUITS D'AMENDES.

TABLE

DES MODÈLES DU RÈGLEMENT.

TABLE

ALPHABÉTIQUE ET ANALYTIQUE DES MATIÈRES

CONTENUES

DANS LE RÈGLEMENT ET LA NOMENCLATURE.

www.ingramcontent.com/pod-product-compliance
Lightning Source LLC
Chambersburg PA
CBHW070504200326
41519CB00013B/2708